DE

L'INTERVENTION

EN DROIT INTERNATIONAL

PAR

A. DE FLOECKHER

DOCTEUR EN DROIT
REFERENDAR A HAMBOURG

PARIS

A. PEDONE, Libraire-Éditeur

13, RUE SOUFFLOT, 13

—

1896

DE
L'INTERVENTION
EN DROIT INTERNATIONAL

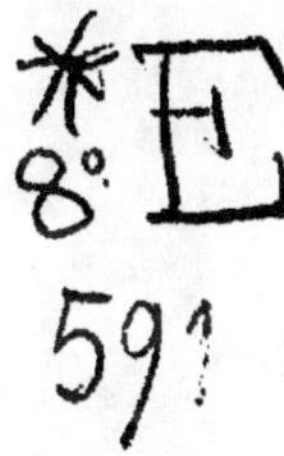

DE

L'INTERVENTION

EN DROIT INTERNATIONAL

PAR

A. DE FLOECKHER

DOCTEUR EN DROIT
REFERENDAR A HAMBOURG

———•◦•———

PARIS

A. PEDONE, LIBRAIRE-ÉDITEUR

13, RUE SOUFFLOT, 13

—

1896

INTRODUCTION

L'intervention d'un État dans les affaires d'un autre État est devenue beaucoup plus fréquente de nos jours, en raison de sa plus grande facilité. Le télégraphe, si propice à une intervention, est aussi le moyen le plus sûr pour échanger les idées des peuples, et l'imprimerie, dont l'invention remonte déjà à tant de siècles, triomphe aujourd'hui par la liberté de la presse, qui est devenue une des puissances du monde. De plus en plus, à défaut d'un tribunal spécial, la presse et l'opinion publique contrôlent et règlent toutes les questions internationales. La presse oblige tous les gouvernements à ne pas faire de diplomatie secrète ; l'opinion publique (1) empêche les États de méconnaître la justice et les intérêts dans les différents pays.

Il faut répéter avec Kant « que la politique se rattache au droit, et le droit à la morale ». On peut dire que les éclatants succès de la politique du prince de Bismarck sont dus en grande partie à la publication de documents gouvernementaux au commencement d'une action politique, pour justifier sa manière d'agir ; cela est manifeste. N'ont-ils pas, en effet, le même caractère que les plaidoiries des avocats devant les tribunaux, avec cette seule différence, que dans les affaires internationales, le vrai tribunal est l'opinion publique universelle. C'est là un juge sévère dont les jugements acquièrent tous les jours une plus grande valeur.

---

(1) Frantz Despagnet, *L'Opinion publique et la Guerre*, dans l'*Almanach des Jeunes amis de la paix*, 1891.

Un des plus nobles devoirs de la science du droit est donc d'éclairer l'opinion publique et de développer chez ce juge impartial la notion du juste. Plus l'opinion publique sera éclairée, plus le droit international fera des progrès énormes. Nous verrons l'accomplissement de ces mots prophétiques de Victor Duruy (1) : « Ce qui est vieux comme le monde, c'est la force ; ce qui se dégage lentement, c'est le droit ; mais son règne arrivera ».

(1) Victor Duruy, *Histoire des Grecs*, t. II, p. 64.

CHAPITRE PREMIER

NOTION GÉNÉRALE DE L'INTERVENTION.

§ 1. — NATURE DE L'INTERVENTION.

On entend par intervention, en droit international, le fait de la part d'un État de s'immiscer de sa propre autorité dans les affaires d'un autre État (1), en vue de lui imposer sa volonté. C'est, dit Geffcken (2), l'ingérence d'un État agissant d'autorité dans les relations de deux autres États, sans le consentement ni de l'un ni de l'autre, ou bien dans les affaires intérieures d'un autre État. Le critérium de l'ingérence imposée, d'après Scheidler, est le suivant : l'intervention est l'ingérence d'un État dans les affaires intérieures d'un autre État, quand cette ingérence est imposée avec autorité, et accompagnée par la menace de force et de contrainte.

Hermann Wagener veut en outre que l'intervention doive servir aux intérêts propres de l'État intervenant. Strauch (3) donne cette définition : « L'intervention, au sens du droit international, est la solution d'un différend juridique sur des questions internationales par des États souverains qui d'abord n'y étaient pas engagés ». Nous croyons que la définition de Geffcken est plus correcte. Il n'est pas, en effet, nécessaire que l'intervention doive servir aux intérêts propres de l'État intervenant, comme le demande Wagener. Cette opinion est aussi démentie par l'histoire, qui donne beaucoup d'exemples où l'intervention a été nuisible à l'État intervenant, et d'autres exemples où l'intervention était causée par des motifs de morale où l'égoïsme n'avait aucune part. Ainsi, en 1534, l'intervention de Philippe de Hesse replaça sur le trône le duc Ulric de Wurtemberg, chassé de son pays, ce qui lui valut le surnom de Magna-

(1) Fr. de Martens, *Völkerrecht*, Berlin, 1883, t. I, § 76, p. 299 ; Frantz Despagnet, *Droit international public*, Paris, 1894.

(2) Geffcken dans *F. v. Holtzendorff's Handbuch des Völkerrechts*, t. IV, p. 131.

(3) Strauch, *Zur Interventionslehre*, Heidelberg, 1879, p. 2.

nime. La formule de Strauch est aussi trop étroite, parce que toutes les interventions n'ont pas pour but, de la part de l'intervenant, de juger purement et simplement des conflits d'une nature internationale. En effet, dans cette formule ne sont pas comprises les interventions consistant dans une ingérence non demandée à l'intervenant dans les affaires intérieures d'un autre État. En outre, ce ne sont pas toujours des conflits qui provoquent l'intervention d'un tiers ; la guerre, par exemple, n'est ni un procès ni un différend juridique entre des États. Enfin, l'intervenant ne veut pas toujours donner une décision de concert avec un autre État, parce qu'il suit un tout autre intérêt et tend à décider le différend, qui a donné lieu à l'intervention, dans un certain sens. L'intervenant tient à réaliser sa propre volonté et à ne pas jouer un rôle passif à l'égard des autres parties. Le trait le plus caractéristique de l'intervention, c'est la déclaration catégorique de l'État intervenant, car il y manifeste sa volonté comme un ordre dont l'exécution sera réalisée par l'emploi de la force. Cet acte d'exécution consiste à s'immiscer dans les affaires de l'État forcé de subir l'intervention, que cette ingérence soit médiate ou immédiate. Mais ce n'est pas là l'intervention elle-même, c'est seulement la conséquence de son caractère comminatoire. C'est pourquoi on ne peut pas définir la guerre une intervention : c'est une exécution.

L'intervention existe déjà au moment de la notification de l'ordre à l'État qui la subit, sans qu'il soit nécessaire que l'exécution s'ensuive, car il arrive souvent que l'État obéit à la pression qu'on exerce sur lui.

Cependant l'exécution d'une intervention n'est pas toujours la guerre, en effet l'intervention se produit aussi dans un autre but et n'exige pas toujours la guerre pour être exécutée, car souvent d'autres moyens suffisent pour réaliser la volonté de l'État intervenant, et la guerre n'est qu'une des manières d'user de la force.

Le caractère impératif de l'intervention la distingue de toutes les autres ingérences dans les affaires intérieures d'un État, par exemple de l'interposition de bons offices pour donner aux États qui sont en conflit la faculté d'entrer en négociations, sur la base de certaines propositions, qui empêcheront de recourir aux armes (1), ou encore des mesures de

____

(1) Heilborn, *System des Völkerrechts*, p. 354.

précaution prises en vue d'un danger éventuel, telles que la paix ou une intercession purement officieuse (1).

§ 2. — MOTIFS ET BUT DE L'INTERVENTION.

Les motifs et le but de l'intervention la distinguent de tous les autres moyens de pression qu'un État exerce sur un autre. L'intervenant ne cherche pas à se venger d'une lésion de droit qui lui aurait été infligée par un autre État, et il n'est nullement nécessaire que l'État intervenant ait subi une injustice. La mesure prise par lui en cette circonstance n'est pas une intervention ; par exemple, si l'État A procède contre l'État B parce que B a violé les droits de A ou de ses citoyens, cette injustice n'est pas une affaire de l'État B dans laquelle on puisse intervenir, mais c'est une affaire de l'État A dans laquelle on ne peut s'immiscer. Par conséquent, dans un tel cas, c'est purement et simplement le droit d'un État contre un autre qui est sauvegardé par les moyens coercitifs du droit international. Le droit d'intervention du côté de l'État lésé procède directement de la défense de son droit et de la répression du tort qu'il a subi, comme d'un *fundamentum agendi*. En effet, chaque État a le droit de se défendre et d'employer tous les moyens de répression contre la violation de ses droits. Mais en pareil cas, on ne peut plus parler de l'intervention de cet État dans les affaires extérieures ou intérieures d'un autre.

Le motif de l'intervention réside dans le fait que la manière d'agir d'un État menace les intérêts de l'État intervenant, ou les touche par une influence sympathique. Les intérêts de l'État intervenant ne sont pas des titres de droit contre l'autre État, parce qu'autrement il y aurait là une lésion de droit présente ou imminente ; ce ne sont, en se plaçant au point de vue de l'intervenant, que des exigences ou des avantages qui résultent de sa situation ou des circonstances extérieures.

Si l'État intervenant s'immisce de force dans les affaires d'un autre État sans que ce soit pour sauvegarder ses propres intérêts, ou si la lésion ou le danger de ses propres intérêts ne sont pour lui qu'un prétexte, il n'y a pas là une véritable intervention ; cette manière d'agir de l'inter-

(1) Heffter-Geffcken, *Le Droit international de l'Europe*, Berlin-Paris, 1883.

venant n'est qu'un moyen de dissimuler ses intentions d'empiéter sur les droits d'autrui.

Les intérêts qui peuvent servir de motifs à l'intervention sont très différents.

Avant tout, c'est l'intérêt de conservation qui veut qu'aucune grande puissance ne s'arroge une position dominante, que chacune ait toujours des voisins dont la puissance ne soit pas supérieure à la sienne (1), que la constitution d'un État ne soit pas ébranlée par l'attitude d'un autre, etc.

Une énumération complète ne saurait être donnée, non plus qu'une définition juridique de tous les intérêts, d'abord parce que le nombre en est trop grand, et ensuite parce que les intérêts sont des faits et non des droits.

Il faut bien distinguer les motifs et l'occasion de l'intervention. Celle-ci peut consister en une demande d'un parti de l'État dans les affaires duquel on se propose d'intervenir ; mais elle peut aussi dériver de la volonté de l'État intervenant. Toutefois, il n'y a pas à tenir compte pour la nature juridique d'une intervention de ce qu'elle a été sollicitée ou non, car c'est l'ingérence impérative qui caractérise l'intervention, et la circonstance qu'elle a eu lieu sur la demande d'un parti est chose purement accessoire. L'intervention sert à sauvegarder les intérêts compromis ou lésés de l'État intervenant. Par conséquent, si l'intervention veut garder son caractère, elle ne doit ni dépasser ce but, ni en poursuivre un autre à côté du but principal. Elle doit se contenter de garantir les intérêts compromis et d'écarter les causes de la lésion ou de la menace (2).

§ 3. — Moyens d'intervention.

Pour atteindre le but de l'intervention, il y a certains moyens qui sont nécessaires. D'abord, c'est un ordre qui est imposé à un État par l'État intervenant, pour lui commander ou l'empêcher d'agir dans tel ou tel sens.

(1) Strauch, *op. cit.*, p. 11.
(2) Geffcken, *op. cit.*, t. IV, p. 133. Strauch, *op. cit.*, p. 4 et 5.

Puis, il y a des moyens spéciaux pour faire exécuter l'ordre donné : par exemple, le blocus pacifique, l'occupation militaire du territoire et finalement la guerre (1), si les autres moyens ont échoué.

§ 4. — Caractère de la demande d'intervention.

La demande d'intervention a pour but, non de contribuer à l'avantage de l'État intervenant ou de lui procurer l'autorisation et la liberté d'une action quelconque, mais d'obliger l'autre État à observer une ligne de conduite déterminée. Toutefois, l'intervention peut devenir l'occasion pour l'État intervenant d'acquérir des droits. L'intervenant peut renoncer à son intervention en échange d'une compensation. Il peut proposer l'alternative de son intervention ou d'une compensation ; ou bien il peut faire une demande conditionnelle d'intervention, telle, par exemple, qu'une compensation, au cas où l'autre État ne voudrait pas qu'il intervint. Il est certain que l'État intervenant n'a pas droit à une compensation, mais, toutefois, cette demande n'est pas contraire au droit des gens, car c'est seulement une proposition de le laisser intervenir, ou de se faire acheter sa renonciation au prix d'une compensation.

Et puis, cette demande de compensation est tout à fait accessoire, et n'altère pas le caractère de l'intervention, à moins que cette intervention, qui avait pour but de préserver l'État intervenant, ne soit faite dans celui d'obtenir la compensation. Le fondement de la demande de compensation naît et disparaît avec le droit d'intervention. Une ingérence dans les affaires d'un autre État qui n'a pas pour motif la sauvegarde d'intérêts lésés ou menacés rend nulle la demande de compensation qui y est jointe : c'est même une violation du droit des gens, si l'on veut obtenir une compensation par la force.

L'intervention a lieu seulement entre des États souverains, et non, par conséquent, dans les affaires des États barbares, ou dans celles d'une Église ou de princes dépossédés.

(1) Heffter, *op. cit.*, p. 108.

§ 5. — Différentes sortes d'intervention.

Il y a deux sortes d'intervention : 1° dans les affaires intérieures d'un autre État ; 2° dans les relations extérieures qui existent entre certains États. Quoique l'intervention dissimule une contrainte au moyen de laquelle la demande d'intervention puisse être exécutée, elle n'est pas toujours une hostilité, comme la guerre, par exemple. En effet, bien que le motif de l'intervention consiste dans la défense des intérêts menacés de l'État intervenant, cette intervention peut aussi servir à détourner en même temps une lésion de l'État qui subit l'intervention, et même lui être utile. Si un État intervient dans les affaires intérieures d'un autre État, il dirige d'ordinaire cette intervention contre l'un des deux partis de cet État, ou contre une certaine situation où se trouve ce dernier. L'intervention n'a donc pas lieu d'une manière formelle contre l'autre État, mais seulement contre un parti de cet État, et cela peut devenir avantageux à ce dernier, si ce parti est maîtrisé par l'intervention.

Par conséquent, on peut regarder aussi l'intervention comme une mesure pacifique et amicale, parce qu'elle met en ordre les affaires de l'autre État, quoiqu'elle soit motivée sans doute par le danger qui menace les intérêts de l'État intervenant (1).

(1) Geffcken, *op. cit.*, § 38, p. 183.

CHAPITRE II

FONDEMENT DE L'INTERVENTION.

§ 1. — L'Intervention considérée comme une atteinte a la souveraineté d'un état.

L'intervention, jugée d'une manière abstraite et sans égard aux motifs particuliers, est un empiétement sur les droits de souveraineté de l'autre État. Cependant l'intervention ne conteste pas en principe la souveraineté de l'État, car elle est seulement possible contre un État souverain, mais elle est dirigée contre les procédés de cet État, ainsi que contre la manière dont il use de sa souveraineté.

Il n'est pas exact de dire, avec Heilborn (1), que le seul but de l'intervenant soit que d'autres États se servent de leur liberté, dans le règlement de leurs propres affaires, d'une manière d'agir imposée par lui. L'intervention est un ordre catégorique, qui s'appuie sur la force même, comme moyen d'exécution; l'intervenant ne veut pas seulement diriger la liberté de l'autre État vers un but déterminé, il veut aussi la suspendre et lui imposer sa volonté souveraine.

Non seulement l'autre État doit être guidé, mais sa volonté doit être liée et subir une influence. Ce que dit Heilborn est juste pour un simple conseil, mais plus loin il reconnait lui-même qu'il y a dans l'intervention une attaque à la liberté de l'État qui la subit. Il veut voir cette atteinte seulement dans le fait que la demande d'intervention est exécutée par la force; et il en déduit que l'intervenant ne refuse pas de reconnaitre la légitime liberté des autres États, mais qu'il tend seulement à leur en imposer un certain usage.

Sans doute on ne peut pas dire qu'il se trouve dans l'intervention une négation de la souveraineté d'un autre État, ni aucun refus de reconnaitre sa liberté; mais l'ordre ou la défense, qui est impliquée dans la de-

(1) Heilborn, *op. cit.*, p. 356.

mande d'intervention, n'a pas d'autre but que de mettre, au moyen de cette dernière, la volonté de l'intervenant à la place de la volonté de l'État qui subit l'intervention.

Il y a implicitement une atteinte partielle à la souveraineté ou à la liberté de l'autre État, même si la demande d'intervention n'a pas eu un commencement d'exécution par la force. La menace, contenue dans la demande d'intervention, de réaliser cette dernière par la force, caractérise déjà la position et la déclaration de l'intervenant comme une atteinte accomplie, dont le but est d'influer sur la manifestation de la volonté souveraine de l'État contre lequel l'intervention a eu lieu.

Il n'est pas compatible avec la souveraineté d'un État que l'intervenant veuille, de sa propre autorité, donner une direction déterminée à cette manifestation de sa volonté souveraine.

Si l'intervention porte atteinte à la souveraineté d'un autre État, on ne peut cependant rien en conclure sur le caractère juridique de l'intervention, et l'on ne peut pas déduire de cette lésion objective d'une souveraineté étrangère, que toutes les interventions soient une injustice et une violation des droits des autres États. On peut en effet admettre que la lésion des droits d'un État étranger n'est pas illicite, quoiqu'elle n'appartienne pas comme un droit spécial à l'État qui lui porte atteinte. Il se peut que la protection des intérêts qui motivent l'intervention, rende cette dernière licite, même si elle se présente comme une lésion de la souveraineté d'un autre État. Si cette éventualité arrive, il s'agit seulement de fixer les cas dans lesquels l'intervention est licite ou fondée sur un droit.

§ 2. — OPINIONS DES DIFFÉRENTS AUTEURS SUR L'INTERVENTION.

Les auteurs du moyen âge étaient d'accord pour dire que tous les États avaient le droit d'intervenir, et que toute demande d'intervention était fondée sur un droit de l'État intervenant. Bacon, Grotius, Pufendorff (1) et Christian-Frédéric de Wolff sont dans ce sens (2). Faisant

(1) Rotteck, *Das Recht der Einmischung*, Freiburg i. B., 1845, p. 15. H. Grotius, *De jure belli ac pacis*, lib. II, c. 6. Pufendorff, *Le droit de la nature et des gens*, t. II, liv. VIII, § 5.

(2) Chr. Fr. de Wolff, *Jus gentium methodo scientifico pertractatum*, Halae, 1704, I, § 13, 14, 15, 11, § 257.

abstraction de l'idée d'un État, ils en arrivèrent à cette conclusion qu'il est licite d'intervenir chez un peuple déchiré à l'intérieur par les factions, ou dont la conduite est un outrage à l'ordre social commun, de même qu'un État a le droit d'employer la violence contre les perturbateurs de sa tranquillité intérieure.

Vattel dit que toutes les fois que les choses en viennent à une guerre civile, les puissances étrangères peuvent assister celui des deux partis qui leur paraît avoir raison.

Les cas d'intervention étaient les suivants : un droit donné à l'intervenant en vertu des clauses d'un contrat (1) ; la tyrannie insupportable d'un souverain envers ses sujets (2) ; l'existence au sein d'un pays d'un parti malfaisant et remuant qui aurait pu devenir un danger perpétuel pour les autres États (3) ; la force prépondérante d'un État portant atteinte à l'équilibre général (4) ; la demande d'intervention formulée par les États engagés dans le même conflit (5) ; un intérêt de l'État intervenant dans le conflit (6) ; un dommage causé à l'intervenant et résultant de l'exercice du pouvoir d'un autre État ; une modification apportée à la constitution de l'État (*immutatio formæ regiminis*), si ce changement est une menace pour la paix de l'État voisin (*periculum læsionis proximum aut satis certum imminens*), ou s'il est en opposition avec un traité (7) ; la demande d'intervention faite par un des partis qui sont en lutte (8) ; les dissensions d'un autre État qui seraient un danger pour la sécurité (9) ; une révolution ou une guerre civile (10) ; la demande d'inter-

(1) Vattel, *Droit des gens*, liv. I, ch. 3, § 57. Joh. Jakob Moser, *Grundsätze des jetzt üblichen europäischen Völkerrechts in Friedenszeiten*, ch. IV, § 4.

(2) Vattel, *op. cit.*, liv. II, ch. 4, § 56.

(3) Burlamaqui, *Principes du droit de la nature et des gens*, Yverdun, 1768, t. VII, pt. III, ch. II, § 3.

(4) Archenwall, *Primae lineae juris gentium Europaeorum practici*, Goettingae, 1775, sect. II, § 20.

(5) Moser, *op. cit.*, § 8.

(6) Günther, *Europäisches Völkerrecht in Friedenszeiten*, Altenburg, 1787, t. I, p. 289.

(7) Schrodt, *Systema juris gentium*. Bambergae, 1780, proleg. II, ch. 2, § 20. Cf. Schmelzing, *Systematischer Grundriss des praktischen europäischen Völkerrechts*, Rudolstadt, 1818, t. I, § 110. V. Eggers, *Institutiones juris civitatis publici et gentium universalis*, Hafniae, 1746, § 181, note 2.

(8) De Martens, *Précis du droit des gens*, § 74, 78.

(9) Kœhler, *Einleitung in das praktische europäische Völkerrecht*, Mainz, 1790, § 20.

(10) G. de Rayneval, *Institutions du droit de la nature et des gens*, Paris, 1803, p. 130, 345.

vention de tout un peuple ou de sa majorité (1) ; l'intérêt des nationaux ou des coreligionnaires.

Kluber (2) dit que l'intervention n'est pas admise en principe et qu'elle est admissible seulement si elle est stipulée par un traité, si l'intervenant a garanti la constitution, s'il y a un juste titre et une raison suffisante, ou si l'intervention est exigée par la nécessité. Poelitz (3) se prononce dans le même sens : en vertu de l'application des principes du droit international au droit public, aucun État ne doit s'immiscer dans les affaires intérieures d'un autre, sauf dans le seul cas où il serait contraint de prendre des mesures préventives pour la légitime défense de sa propre indépendance, de son intégrité ou de sa constitution, si elles se trouvaient réellement menacées.

Beaucoup de publicistes sont d'accord pour défendre cette indépendance des États. Ainsi Kant, dans l'article 5 de son *Essai philosophique sur la paix perpétuelle*, professe cette opinion : « Aucun État ne doit s'immiscer de force dans la constitution et le gouvernement d'un autre État. Qui pourrait lui donner ce droit ? Est-ce le scandale (*scandalum*) qu'il offre aux sujets d'un autre État ? Mais il est bien plutôt probable que les grands maux qu'un peuple s'est attirés par sa législation serviront de leçon aux peuples voisins ; et du reste le mauvais exemple donné par une personne libre à une autre n'entraine pas en lui-même de dommage (*scandalum acceptum*) pour celle-ci (4). »

De la même opinion sont Fichte (5), Hoepfner (6), Hegel (7), Hoffbauer (8), Jacob (9), Krug (10), Koeppen (11), de Rotteck (12), etc., tandis

(1) Saalfeld, *Grundriss eines systéms des europäischen Völkerrechts*, Göttingen, 1809, § 17.

(2) Klüber, *Droit des gens moderne de l'Europe*, Stuttgart, 1819, § 46.

(3) Poelitz, *Staatswissenschaft*, Leipzig, 1827, t. I, p. 320.

(4) V. aussi Kant, *Metaphysische Anfangsgründe der Rechtslehre*, Königsberg, 1707, § 51.

(5) J. G. Fichte, *Grundlage des Naturrechts nach Principien der Wissenschaftslehre*, Iéna-Leipzig, 1707, t. II, § 252.

(6) Hoepfner, *Naturrecht des einzelzen Menschen, der Gesellschaften und der Völker*, Giessen, 1795, § 216.

(7) Hegel, *Naturrecht und Staatswissenschaften*, Berlin, 1825, § 571.

(8) Hoffbauer, *Naturrecht*, Halle, 1801, § 655.

(9) Jacob, *Philosophische Rechtslehre*, Halle, 1802, § 803.

(10) Krug, *Dikaiologie*, Königsberg, 1817, § 92.

(11) Koeppen, *Rechtslehre nach platonischen Grundsätzen*, Leipzig, 1819, p. 376.

(12) De Rotteck, *Lehrbuch des Vernünftsrechts und der Staatswissenschaften*, Stuttgart, 1834, t. III, § 13.

que, au contraire, Saint-Simon (1) se montrait moins difficile à admettre le droit d'intervention, et que Schmidt Phiseldeck (2) le recommandait aux souverains, lors du congrès de Vienne, dans le cas seulement où certaines hypothèses paraîtraient justifier son application. Restriction qui ne laissait rien à désirer sous le rapport de l'élasticité.

Par contre un défenseur sans phrases du droit d'intervention fut M. de Kamptz (3), chambellan royal et directeur du ministère de la police de Prusse, qui choisit comme épigraphe de son livre cette dépêche du prince de Kaunitz au chargé d'affaires impérial à Paris, du 7 février 1792 : « Il faut contester aux autres puissances le droit de choisir elles-mêmes la constitution qu'elles veulent se donner ».

A l'appui de son opinion, il ajoutait que c'était un des principes les plus connus du droit international européen, et qu'il résultait essentiellement et implicitement de l'abolition de l'état de nature et de l'établissement de rapports sociaux entre les nations. En outre ce principe serait pour l'Europe ce que la police est pour chaque État, et les questions constitutionnelles ressortiraient bien plutôt au ministère des affaires étrangères qu'à celui de l'intérieur.

Si, par exemple, une constitution était fondée sur des principes anarchistes, si elle mettait le souverain hors d'état de contribuer au maintien du système international, si des troubles intérieurs pouvaient en résulter par lesquels la tranquillité d'autres États pourrait se trouver menacée, cette constitution deviendrait alors un sujet d'intérêt et d'attention pour ceux-ci.

Un autre publiciste, Battur, écrivain de la Restauration française, qui avait à défendre surtout l'intervention française en Espagne, en 1823, disait dans le second volume de son *Traité de Droit politique et de diplomatie*, que, dans la règle, on pouvait repousser toute intervention avec une apparence de droit; mais que s'il s'agissait de se protéger contre une contagion inévitable, d'arrêter dans ses progrès ou de supprimer l'esprit de révolution, chaque État avait le droit d'intervenir dans l'intérêt de la paix de l'Europe.

(1) Saint-Simon, *De la réorganisation de la société européenne*, Paris, 1814.
(2) Schmidt Phiseldeck, *Der europäische Bund*, Copenhague, 1821.
(3) Kamptz, *Völkerrechtliche Erörterung des Rechts der europäischen Mächte, in die Verfassung eines einzelnen Staates sich einzumischen*.

Il était à prévoir que ces opinions seraient bientôt réfutées ; le traité de Kamptz, principalement, qui fut désigné par de Rotteck (1) sous le nom de « bousillage de Berlin », fut surtout l'objet d'attaques violentes, qui étaient d'autant mieux fondées, que de Kamptz s'était embrouillé lui-même en comparant le principe d'intervention à la police, et en représentant les affaires constitutionnelles d'un État comme des affaires étrangères. Il était donc facile pour les autres publicistes de trouver des raisons qui pussent militer en faveur du principe de non-intervention, afin de protester avec toute la fermeté possible contre ce fait, que le droit d'intervention fût reconnu comme licite. Ils étaient seulement d'avis qu'il y avait des cas dans lesquels une intervention, une fois qu'elle s'est produite, pouvait être excusée, par exemple, dans celui où une véritable calamité menacerait l'État intervenant, sans cependant mettre au nombre de toutes ces circonstances une révolution qui viendrait à éclater dans le pays voisin.

La nature de la souveraineté serait le meilleur argument pour nier l'existence du droit d'intervention, puisque la souveraineté confère à chaque État le droit de prendre seul soin de ses affaires intérieures. Le droit d'intervention ne serait que le droit du plus fort, car le faible ne pourrait jamais intervenir, puisqu'il manque de la force nécessaire, et si le fort entreprenait de le faire, il ne penserait qu'à son propre profit.

Puisqu'à chaque droit correspond un devoir, il ne serait pas possible, au point de vue juridique, de décider dans quels cas un État aurait le devoir de consentir par exception, au préjudice de sa souveraineté, à l'intervention d'un État étranger dans ses affaires intérieures ; même si l'on pouvait, comme il a été dit, considérer comme excusables certaines interventions, une fois qu'elles se sont produites, cependant cela ne constituerait pas un droit, car ce droit serait immédiatement exclu par la réciprocité de droits qui existe entre les États, et ne pourrait pas trouver de fondement dans une utilité ou un avantage momentané. Tandis que les auteurs précités protestaient en général contre le droit d'intervention, comme n'étant que celui du plus fort (*jus fortioris*), d'autres osèrent, bien que timidement, admettre et excuser la possibilité de son application dans certaines circonstances.

(1) De Rotteck, *Das Recht der Einmischung*, p. 10.

Ainsi Berner (1) est, il est vrai, fermement attaché au principe de non-intervention, au point de le reconnaitre comme fondamental ; cependant il admet qu'il y a certains « cas extrêmes » où ce principe ne pourrait trouver place et devrait céder à un autre d'une nature plus élevée. Il cite alors un malheur national, ou bien l'intérêt de l'humanité, qui, par exemple, pendant la guerre de l'indépendance hellénique nécessita l'intervention des autres puissances.

Berner (2) est aussi d'avis qu'un État pourrait défendre ses intérêts au moyen de l'intervention, si un autre État voulait transformer par traité ses intérêts particuliers en droits formels, et si ce changement pouvait devenir un danger pour toute l'Europe, en détruisant, par exemple, l'équilibre européen.

D'autres auteurs reconnaissent un droit d'intervention dans lequel il ne s'agit que de préciser les conditions et les hypothèses effectives où il serait exceptionnellement permis de la pratiquer (3). Ils en concluent que le droit d'intervention n'a véritablement aucune base juridique solide, dans ce sens qu'il ne peut être déduit comme une conséquence logique de certains principes généraux du droit, mais qu'il résulte plutôt de la nécessité et qu'il trouve son véritable fondement dans la politique.

Bluntschli (4) estime que, régulièrement, l'intervention d'un État étranger dans les luttes constitutionnelles ou les révolutions d'un autre État est illégitime, comme portant atteinte à son indépendance, et constituant de plus un danger pour la paix générale. Cependant il permet l'intervention dans le cas où la conduite inique d'un État constituerait une menace pour l'ordre public universel et atteindrait tous les Etats. Toutes les autres puissances seraient alors autorisées à appuyer les réclamations de l'État directement menacé et à contribuer au rétablissement du droit et de l'ordre.

Selon Heffter (5), aucune puissance n'est généralement en droit de

---

(1) Berner, dans *Deutsches Staatswörterbuch*, par Bluntschli et Prater, Stuttgart e Leipzig, 1860, p. 341. Heiberg, *Das Princip der Nichtintervention*, Leipzig, 1842. Rotteck et Welcker, *Staatslexikon*, 2ᵉ et 3ᵉ éd., article « intervention ».

(2) Berner, *op. cit.*, p. 353.

(3) Wagener, *Staats u. Gesellschaftslexikon*, Berlin, 1862, p. 121.

(4) Bluntschli, *Das moderne Völkerrecht der civilisierten Staaten*, § 474, p. 267.

(5) Heffter, *op. cit.*, § 45, p. 109.

s'immiscer dans les affaires intérieures d'un État étranger, et ne peut dicter à une nation indépendante ses règles de conduite et de gouvernement, ni lui imposer certaines institutions ou le forcer de renoncer à d'autres.

Strauch distingue entre un « cas normal », où plusieurs États règlent en commun un conflit où ils ne se sont pas trouvés mêlés, et un « cas exceptionnel » où les affaires intérieures d'un pays deviennent un danger pour les autres États. Il ajoute qu'il faut que l'intervention ait toujours pour base un droit émané de la juridiction internationale des peuples, que ceux-ci doivent exercer pour faire régner la justice parmi eux.

Geffcken (1) reconnait le principe de l'autonomie d'un État souverain, mais il lui oppose le droit d'intervention comme un principe supérieur auquel l'autonomie doit céder, toutes les fois qu'il se présente un cas qui justifie l'usage du droit d'intervention. Il ne s'agit donc que de préciser ces cas, ainsi, par exemple, l'intervention serait légitime si elle avait pour but de protéger la propre sécurité de l'État intervenant, ou de maintenir l'équilibre menacé des différents États ; elle le serait aussi dans le cas où la conduite d'un État ou bien les événements qui s'y produisent, tout en ne portant pas atteinte aux droits acquis (*jura quæsita*) de l'autre État, menacent cependant sa sûreté d'une façon immédiate.

Carnazza-Amari (2) est un adversaire déclaré du principe d'intervention. Il fait une critique historique des cas d'intervention et discute les opinions des différents auteurs pour en venir à cette conclusion, qu'il a la confiance d'avoir prouvé que le principe des nationalités condamne l'intervention et n'admet aucune exception ; que les nationalités une fois constituées, les interventions seront supprimées, et que les peuples se fondront dans une étreinte fédérale cosmopolite où les membres de la famille humaine, enlacés dans le lien solide de l'affection, résoudront pacifiquement leurs différends.

Rivier (3), au contraire, permet à un État d'intervenir, quand il s'agit pour lui du droit de conservation, c'est-à-dire si sa sécurité, sa puissance

---

(1) Geffcken, *op. cit.*, p. 134 et 152.

(2) G. Carnazza-Amari, *Nouvel exposé du principe de non-intervention*, dans la *Rev. de dr. int. et de législation*, 1873, p. 352.

(3) Rivier, *Lehrbuch des Völkerrechts*, p. 232.

ou ses droits sont lésés ou compromis par l'état social ou la politique d'une autre nation. Il ne donne pas de règle fixe, mais il dit que les événements serviront de ligne de conduite.

De l'examen auquel nous venons de nous livrer sur les opinions des différents auteurs qui ont traité la question, il résulte que le droit d'intervention n'existe pas, et que la non-intervention est la règle dominante (1).

§ 3. — LE DROIT D'INTERVENTION N'EXISTE PAS.

Les considérations suivantes prouvent qu'il n'existe pas de droit d'intervention. L'intervention est motivée, comme nous l'avons démontré, par un intérêt, mais on ne peut pas faire valoir un simple intérêt pour réclamer un droit ; il faut que ce droit ait un objet bien circonscrit. Le droit d'intervention ne peut pas non plus être posé comme un droit absolu de s'immiscer dans les affaires d'un autre État ; un tel droit mettrait en question tout l'ordre intérieur et extérieur des États. De nos jours on ne prétend plus que ce soit un droit absolu, mais quelques auteurs ont essayé, en le rattachant à des principes déterminés, d'en former un droit concret, car le principe d'intervention est toujours dirigé contre un ou plusieurs États. Mais le droit d'intervention ne se laisse même pas formuler sous cette forme concrète, car en ce cas il faudrait le compter au nombre des obligations, et la personne obligée à subir l'intervention fait défaut.

Les partisans de la théorie du droit d'intervention concèdent eux-mêmes que ce ne serait pas une injustice que celui qui subit l'intervention y résistât par la force. Mais cela devrait constituer une lésion de l'État intervenant s'il y avait un droit d'intervention.

Si l'on admettait le premier cas, l'État qui subit l'intervention devrait être déclaré obligé de souffrir l'intervention, c'est-à-dire d'obéir à l'ordre ou à la défense qu'implique la demande d'intervention. Par conséquent, l'autonomie et la souveraineté d'un État seraient subordonnées à la vo-

---

(1) Frantz-Despagnet, *op. cit.*, p. 188. Calvo, *Droit int.*, §§ 107-120. Grand-Stapleton, *Intervention and non-intervention, or the foreign policy of Great Britain, 1790-1865*, Londres, 1866.

lonté de tout intervenant. On ne peut donc reconnaitre un droit d'intervention, parce que son exercice servirait à léser une sphère de juridiction étrangère.

L'intervention provoque, comme nous l'avons démontré plus haut, une violation objective du droit, en prétendant exercer une action sur la libre détermination de celui qui la subit. La matière d'un droit ne peut consister à faire tort à autrui.

Maintenant, on objectera peut-être que l'intervenant se propose de poursuivre le triomphe de ses intérêts, et qu'il a un droit à le faire. Cela est parfaitement juste, mais cela ne légitime nullement la prétention qu'il existe un droit d'intervention.

La fin ne justifie pas ainsi les moyens. Un État peut prendre d'autres mesures pour protéger ses intérêts, et ces derniers ne lui donnent pas par eux-mêmes un droit de s'immiscer dans les affaires des autres. Le droit d'intervention ne peut pas dériver de la nécessité de garantir ses intérêts, car ceux-ci sont des faits et non des droits. Il faudrait, s'il devait être un droit subjectif, qu'il fût fondé sur un autre principe juridique, sur une règle universellement reconnue, et qui manque en réalité.

Le droit d'intervention ne peut donc se soutenir, parce que ce n'est que la défense d'un intérêt particulier, contraire à la notion du droit et à son exercice. Le but d'un droit ne peut être de menacer un autre de violence, s'il refuse d'obéir à un ordre arbitraire. Si l'intervention reposait sur un droit, celui-ci aurait pour fondement juridique les intérêts qu'il s'agit de défendre ; l'obligation devrait donc exister pour celui qui la subit de reconnaitre et de favoriser par ses actions les intérêts de l'intervenant, et cela au mépris de ses propres intérêts.

Mais cela n'est pas juste, car chaque État est en droit de préférer ses propres intérêts à ceux d'un autre. Aucun État n'est obligé, en bonne justice, de régler sa conduite de manière à ne pas nuire aux intérêts des autres mais à les favoriser au contraire. Si un État avait l'obligation de tenir en considération attentive les intérêts des autres, même dans le cas d'un conflit avec les siens propres, ce serait lui demander l'abnégation la plus désastreuse, ce qu'on ne peut assurément exiger d'aucun État.

Le développement des conséquences d'une intervention démontre que toute base morale manque au droit d'intervention.

Trendelenburg (1) dit à cet égard : « Il est contre la nature des choses qu'un État étranger fasse les vainqueurs et les vaincus dans l'intérieur d'un autre État. Le sentiment national est éveillé contre la puissance étrangère par un pareil abaissement. En aidant un parti à obtenir la victoire, elle lui donne une domination passagère ; quand elle tourne le dos, le mal réprimé un instant renait ; si, au contraire, elle reste dans le pays comme un gardien, tous les partis s'allieront contre elle en oubliant leurs différends et la chasseront, ou bien elle finira par opprimer le peuple pour la pacification duquel elle est intervenue. Par suite le droit d'intervention, s'il était reconnu sans difficulté comme un droit international, ne pourrait devenir qu'une injustice. »

Un droit, dont le maintien produirait toujours de telles conséquences, ne repose pas sur la base de la morale, et par suite ne saurait passer pour un droit.

La formule de Geffcken ne réussit pas non plus à établir un droit d'intervention. Geffcken n'est pas fondé à affirmer que le droit d'autonomie ne peut s'étendre au delà de la limite où il léserait le droit d'autrui. Il est bien plutôt possible qu'un État, sans sortir des bornes de son autonomie ou de sa souveraineté, menace ou compromette par sa conduite les intérêts d'un autre État. C'est même là la nature de l'intervention, dans laquelle il est toujours présumé que l'État qui subit l'intervention, sans violer positivement par sa conduite un droit acquis de l'intervenant, compromet cependant par sa conduite les intérêts de celui-ci. De sorte que le premier pourrait avec justice invoquer en sa faveur la maxime : « *qui jure suo utitur neminem laedit* ».

Il n'est pas concevable que d'un si légitime exercice du droit de souveraineté propre, il puisse résulter pour l'État qui se trouve lésé un droit d'intervention qui aurait la valeur d'un principe supérieur auquel le droit de souveraineté dût céder.

Si l'attitude d'un État qui reste dans les limites de sa souveraineté menace la sécurité d'un autre, celui-ci peut chercher le moyen de se défendre ; mais il n'est jamais fondé en droit à demander à l'autre État, pour se prémunir contre lui, de modifier ou de changer sa ligne de con-

(1) Trendelenburg, *Naturrecht auf dem Grunde der Ethike*, 2ᵉ éd., Leipzig, 1868, § 227, p. 587 s.

duite. Si l'État menacé intervient à cause d'un pareil danger présumé de sa sécurité il ne commet pas une injustice, il est vrai, mais cela ne constitue nullement pour l'intervention la base d'un droit positif. S'il existait un tel droit d'intervention, le procédé qui la provoquerait de la part de l'État qui en est l'objet constituerait une atteinte à ce droit, et s'opposerait à lui comme la lésion de droit à laquelle l'intervention doit remédier. Mais il est hors de doute et admis par les partisans de la théorie de l'intervention eux-mêmes que la conduite de l'État chez qui on intervient ne renferme aucune lésion de droit, mais implique seulement une lésion d'intérêts ; qu'elle représente un fait qui ne constitue pour l'intervenant aucun titre fondé en droit. La théorie de Strauch n'est pas plus correcte. On peut supposer une association juridique internationale des peuples, fondée sur le principe de l'égalité des États souverains qui se sont unis. Mais cette association ne produit aucun droit individuel positif pour chaque membre particulier, comme le ferait une société (*societas*). Une conséquence de cette association juridique est, par exemple, que tous les États qui en font partie reconnaissent le droit des gens européen comme obligatoire pour chacun d'eux. Mais pour qu'un seul État, ou tous les États ensemble, comme consorts, puissent posséder un droit individuel comme celui d'intervention, ils devraient l'avoir acquis par un arrêt du droit des gens qui le leur attribuerait, car celui-ci est le seul titre légitime duquel puissent dériver les titres individuels des associés qui leur appartiennent *ipso jure*. Mais on ne trouve dans le droit des gens aucune maxime généralement admise pour sanctionner l'intervention comme un droit positif. Le principe de l'égalité des États souverains ne plaide pas en faveur d'un tel droit, mais bien plutôt contre lui. Car d'après ce principe aucun État ne pourrait avoir la prétention de s'immiscer dans l'exercice de la souveraineté d'un autre État, ce qui arrive cependant du fait de l'intervenant, quand il exige que l'autre État cède à son droit. On ne peut pas non plus attribuer un caractère juridique à l'intervention pour cette raison qu'elle est, comme le veut Strauch, un contre-poids nécessaire aux excès et aux perturbations que peut apporter à l'équilibre un État belligérant. Il n'est pas nécessaire que l'intervention soit fondée sur un droit objectif, pour devenir un moyen de répression ou d'équilibre.

Il faut signaler l'erreur complète de Strauch, quand il attache au droit d'intervention soutenu par lui, — même dans le cas où il ne résulte pas d'un traité international, — un devoir d'intervention. Si l'intervention était un droit, ce ne pourrait être qu'un « *jus merae facultatis* », et l'État ayant droit à l'intervention pourrait, à sa convenance, l'exercer ou ne pas l'exercer. Aucun État ne peut être contraint à protéger ses intérêts menacés, surtout au moyen d'une intervention.

Un devoir d'intervention supposerait toujours une personne ayant le droit de demander l'intervention. Le droit d'intervention serait donc une obligation bilatérale, si celui qui doit la subir pouvait en réclamer l'accomplissement. On ne pourrait pas s'imaginer l'accomplissement du devoir d'intervention vis-à-vis d'autres États que celui qui est obligé à la subir, à moins qu'on ne voulût prétendre que l'intervenant agit comme mandataire de tous les autres États de cette association juridique dont nous avons parlé, tandis qu'en réalité l'intervenant ne s'occupe que de ses propres intérêts. Sans doute il est possible qu'un véritable droit et qu'un véritable devoir d'intervention puissent être établis entre les parties contractantes par un traité de droit international. Mais c'est la meilleure preuve que le droit d'intervention n'existe pas *ipso jure*, car autrement il ne faudrait pas un traité pour l'établir. Ainsi la constitution d'un pays peut être assurée par un traité de garantie, comme, par exemple, quand, par l'article 17, §§ 5 et 6, de la paix de Westphalie, la constitution de l'Empire allemand fut garantie par la France et la Suède, et quand la constitution polonaise fut garantie par les trois puissances qui démembrèrent la Pologne.

De même, un ordre de succession peut être garanti, comme lorsque le royaume de Grèce fut constitué sous la souveraineté du Prince Otton de Bavière par la France, la Grande-Bretagne et la Russie dans le traité du 7 mai 1832. En outre, l'exclusion d'une dynastie peut être décidée ; ainsi, par exemple, le traité de Paris du 20 novembre 1815, par lequel la famille des Napoléons fut exclue pour toujours du trône de France par les puissances contractantes.

§ 4. — IL N'Y A PAS DE PRINCIPE DE NON-INTERVENTION.

Le principe de non-intervention ne peut pas être établi ; cette opinion fut surtout proclamée par des auteurs italiens et grecs, tandis que le Saint-Siège l'a rejetée (1). Le principe de non-intervention ne peut pas être démontré comme un axiome du droit international. La règle de non-intervention fut seulement l'expression d'une réaction contre l'abus de l'intervention. Comment un État pourrait-il consentir à se lier ainsi les mains, même s'il arrivait qu'il adoptât, dans certaines circonstances, la maxime politique de ne pas intervenir en général ? Pour citer un exemple, le principe de non-intervention a été affirmé d'une manière officielle dans le discours de la couronne de Guillaume Ier de Prusse à l'ouverture du parlement fédéral de l'Allemagne du Nord, le 14 février 1870, dans les termes suivants : « Chez les gouvernements comme chez les peuples du monde actuel la conviction s'accroît toujours davantage que chaque État a le droit et le devoir de s'occuper d'une manière indépendante du bien public, des progrès de la liberté et du respect de la justice au sein de sa propre maison, et que la force militaire de chaque pays doit être destinée à protéger l'indépendance nationale, et nullement à empiéter sur celle d'autrui ». La règle du droit international n'est pas une défense d'intervention criblée d'exceptions, comme s'exprime Berner ; mais cette règle dit d'une manière positive que l'on ne peut pas, par respect pour le principe de souveraineté, empêcher un État de s'immiscer de force dans une sphère de juridiction étrangère, si une telle mesure lui est imposée par la nécessité, et s'il a un juste motif de faire face à un danger imminent et de défendre un intérêt vital.

---

(1) *Syllabus errorum.* Encyclique du 8 décembre 1864, position 62. Est énumérée parmi les erreurs : « Proclamandum est observandum principium, quod vocant de non interventu ».

CHAPITRE III

CAS D'APPLICATION DE L'INTERVENTION.

§ 1. — L'INTERVENTION EST ADMISSIBLE DANS CERTAINS CAS, MALGRÉ L'ABSENCE D'UN DROIT D'INTERVENTION.

De ce que l'intervention viole la liberté et la personnalité étrangère, et qu'elle comporte une ingérence dans les affaires d'un autre État, il ne faut pas se hâter cependant de la qualifier d'injustice. L'exemple des cas de légitime défense et de force majeure dans le droit civil et dans le droit pénal prouve qu'il peut y avoir des lésions de droit, qui, bien éloignées pourtant de dériver d'un droit, n'impliquent cependant aucun tort de la part de celui qui les accomplit, et deviennent par conséquent excusables.

Il en est de même quand quelqu'un use, sans en abuser, d'un droit qui lui appartient, mais dont l'exercice porte préjudice à autrui ou le lèse dans ses droits.

A la vérité l'intervenant n'agit pas en vertu d'un droit, puisque, comme nous l'avons prouvé, le droit d'intervention n'existe pas. Et du reste l'intervenant n'a nullement besoin de se trouver dans le cas de légitime défense ou de force majeure, quand il entreprend une action dans une sphère de juridiction étrangère.

Ces exemples sont destinés seulement à prouver la possibilité juridique d'admettre que quelqu'un porte atteinte aux droits d'un étranger, sans posséder lui-même un droit qui l'y autorise ; dans ce cas, il agit sans droit, il est vrai, mais cependant sans injustice. Telle est la situation légale où se trouve, d'après le droit des gens, l'État intervenant.

§ 2. — L'INTERVENTION DOIT AVOIR UNE JUSTE CAUSE.

Mais pour qu'une intervention ne soit pas entachée d'injustice, si elle a lieu sans droit, il faut qu'elle s'appuie sur une *juste cause*, c'est-à-dire que l'intérêt à protéger par l'intervention soit de telle nature que, d'après les principes du droit des gens, il y ait un motif légitime à la demande d'intervention.

Prenons par exemple le cas où l'État menacé se trouve dans un péril extrême et se décide à repousser par la force ce danger qui le menace. Devra-t-on demander à l'intervenant de rester purement passif en face de ce danger, de le laisser grandir, et de contribuer ainsi à sa propre ruine ?

Si le danger est déjà devenu pressant, on ne saurait le blâmer de se défendre par tous les moyens, et même par les armes. De ce point de vue, il doit même être considéré comme permis de prévenir, en intervenant, une pareille situation, sans violer pour cela l'opinion qu'on se fait généralement du droit.

Si l'on considère l'intervention sous son aspect réel, on voit que c'est l'intervenant qui est lésé, car ses intérêts sont menacés tout d'abord par les agissements de l'autre État. La demande d'intervention n'est alors une agression qu'en apparence et en réalité un moyen de défense.

Celui qui se défend contre une attaque, même quand le péril n'est pas imminent, ne commet aucune injustice, car il ne fait que protéger son indépendance, ce qui est son droit. Seulement, la défense ne doit s'adresser qu'à l'attaque, et chercher à l'écarter, sans dépasser cette limite. Le but est pleinement atteint si l'État menacé interdit à celui qui le met en péril toutes mesures menaçantes ultérieures et lui dicte sa conduite à l'avenir. La sphère de droit de celui qui a causé l'intervention est évidemment atteinte, car il reçoit d'un État étranger une injonction contraire à son droit de souveraineté ; mais, comme il avait précédemment contrecarré ou menacé la sphère d'intérêts de cet État étranger, il ne saurait l'empêcher d'employer la forme impérative et de lui donner à entendre qu'à l'avenir il exige des procédés plus convenables.

L'intervenant établit sa volonté souveraine en face de la volonté de celui qui est l'objet de l'intervention et s'efforce de la courber. Il le fait parce que l'appel à un juge ordinaire n'existe pas et qu'il n'y a pas d'aréopage pour les contestations entre peuples.

Or ce n'est pas uniquement en cas de violation d'un droit que la justice qu'on se rend à soi-même est permise dans le droit des gens, sous la forme de la guerre. Et cela non seulement parce que l'existence et les relations pacifiques des États entre eux ne sont pas suffisamment garanties, si chacun se contente simplement d'observer les droits qu'il est obligé de respecter, mais parce que les intérêts des peuples méritent eux aussi protection, et que, n'étant pas concevables comme des droits, ils ne peuvent revendiquer qu'une protection effective et non fondée en droit qui ne peut s'imaginer que sous la forme de la justice qu'on se rend à soi-même. L'intervention sert donc à empêcher que le « *summum jus* » ne devienne « *summa injuria* », qu'un État, par l'exercice inconsidéré et exagéré de sa souveraineté et par des actes souverains inspirés par des motifs égoïstes, mette en danger un autre État et lui cause préjudice. A cet effet, l'intervention est une institution indispensable du droit international. Les États sachant qu'ils doivent vivre en paix les uns avec les autres, chacun d'eux peut être tenu, dans l'exercice de sa souveraineté et de sa puissance, d'avoir égard à l'État voisin et de s'abstenir vis-à-vis de lui de tous actes ayant un caractère plus ou moins offensant pour ses droits tels qu'il les comprend.

L'intervention ne peut pas être permise pour soutenir tous les intérêts ; il faut que des intérêts déterminés soient en jeu, pour justifier un pareil acte. S'il en était autrement, le droit de se faire justice soi-même serait déclaré en permanence, et son exercice abusif paraîtrait légitimé.

Aussi a-t-on cherché à déterminer quels sont les intérêts qui peuvent autoriser l'intervention.

Mais un pareil essai devait échouer, eu égard à l'étendue des intérêts, car le domaine des faits est infini ; le cours des temps en amène toujours de nouveaux, pour lesquels la question d'intervention doit être résolue.

Il résulte aussi de l'énumération des intérêts, que leur cercle s'élargit ou se rétrécit selon la différence des vues, et que certains intérêts sont considérés comme motifs d'intervention, alors qu'en réalité ils ne méritent pas d'être reconnus comme tels.

Il faut donc fixer les attributs positifs des intérêts qui donnent à ces derniers la qualité de motif d'intervention.

C'est ainsi qu'il faut que l'intérêt soit non seulement réel, mais encore fondé en droit, et même constitue, autant que possible, un droit positif.

Un intérêt non existant, mais seulement allégué, peut aussi peu prétendre à servir de motif à une intervention qu'un intérêt illégitime. Si, par exemple, un État voulait intervenir parce que la contrebande de guerre, dont il fait com   ce, n'est pas autorisée par l'État voisin à passer sur le territoire de celui-ci, ce serait là un prétexte illégitime, et le refus de l'État voisin ne constituerait nullement une lésion d'intérêt.

La présomption sera, dans la plupart des cas, en faveur de la légitimité d'un intérêt, parce qu'en général on ne peut pas attendre des États intéressés une injustice systématique et que chaque État est présumé se tenir sur le terrain du droit dans ses actes, ses relations et ses dispositions.

Toutefois, on doit encore exiger que ces intérêts légitimes soient dans un tel rapport avec la demande d'intervention et avec la gravité de l'intervention elle-même, que les mesures proposées paraissent justifiées. Nous avons dit plus haut que la *juste cause* est une des conditions de l'intervention ; ce sera donc une question essentielle de savoir si une pareille juste cause est alléguée ; tandis que si l'intervention se produit *ex injusta causa*, elle sera jugée conformément aux règles du droit.

Afin de décider si une semblable raison de droit existe pour l'État qui veut intervenir, il ne faut pas uniquement avoir en vue le danger qui menace ses intérêts. Il faut plutôt déterminer si ce danger, mis en regard de la conduite qu'on prétend imposer à l'autre État par la demande d'intervention, donne à cette dernière un motif légitime.

Pour l'État auquel l'intervenant interdit un acte indiqué, l'accomplissement de cet acte peut être une question d'existence, tandis que les intérêts qu'il sera censé léser seront beaucoup moins importants pour l'intervenant. Si, par exemple, l'État A opérait sur ses frontières une concentration de troupes vis-à-vis de l'État B, alors qu'il existe une menace de guerre entre les deux États, il ne serait pas légitime qu'un troisième État voisin C exigeât de A qu'il retirât ses troupes sous le prétexte que ses intérêts à lui, C, seraient ainsi mis en péril.

Les circonstances pourraient faire que ce péril existât pour les intérêts de C, mais cela ne suffit pas pour donner lieu à intervention, car A est bien fondé à prendre des mesures pour protéger ses frontières. A possède un droit, C un intérêt, or le droit doit passer avant l'intérêt.

Il ne faut donc pas avoir exclusivement en vue, pour l'intervention, la situation de l'intervenant ou celle de l'État objet de l'intervention, mais les deux en même temps, et il faut tenir compte de toutes les circonstances et conditions y relatives, pour savoir s'il y a une *juste cause* pour l'intervenant.

Il résulte de la relativité de tous les faits, que l'on ne saurait donner de règle générale renfermant tous les cas où une juste cause d'intervention peut se présenter.

Le même exemple peut contenir une telle juste cause une fois, dans des conditions données, tandis qu'elle lui fera défaut dans d'autres cas. Ainsi, par exemple, la guerre civile éclatant dans un État voisin, l'accueil fait à des révolutionnaires et à des anarchistes, le changement de constitution, l'élection d'un souverain appartenant à telle ou telle maison princière, etc.

Toutes ces circonstances ou relations peuvent avoir une grande importance pour les autres États, et leur droit propre de conservation peut, comme lors de l'exclusion de la famille de Napoléon du trône de France en 1815, les autoriser à exiger la non-existence d'un tel état de choses, tandis qu'une autre fois il ne mettra pas en question la sûreté des États, comme cela s'est vu en 1852, où le danger antérieur n'existait plus lorsque Louis-Napoléon monta sur le trône.

§ 3. — L'EXISTENCE D'UN DANGER COMMUN, MOTIF D'INTERVENTION.

On a cru pouvoir fixer d'une façon concrète les motifs d'intervention, en exigeant :

1° Que la conduite de l'État, dans les affaires duquel on intervient, dût mettre en danger la sûreté de l'État intervenant, de telle sorte que la demande d'intervention se présentât comme un remède ;

2° Qu'il existât un danger commun, si, par exemple, un État s'efforçait, par ses agissements ou par l'agrandissement projeté de sa puissance, d'acquérir une prépondérance universelle.

C'est ainsi que l'Autriche, la Russie et la Prusse posèrent comme base, au Congrès d'Aix-la-Chapelle en 1818, que, dans l'intérêt de l'ordre monarchique et de la légitimité, elles étaient autorisées, en leur qualité de

Sainte-Alliance (conclue à Paris le 26 septembre 1815), à exercer le droit d'intervention toutes les fois que, dans un pays quelconque, la révolution éclaterait et menacerait le trône. Toutefois, le souverain de l'État qui subirait l'intervention devait toujours être invité à prendre part aux délibérations.

Lorsque, en janvier 1819, un soulèvement eut lieu en Espagne, sous la pression d'un despotisme insensé et des cruautés de l'inquisition, et amena le rétablissement des Cortès de 1812, cet exemple ayant gagné Naples, qui souffrait des mêmes maux, Metternich convoqua à Troppau, en 1820, un Congrès, dans lequel il fut décidé, après son transfert à Laibach en 1821, de protéger par les armes l'état de choses établi en 1815.

Dans une circulaire datée du 8 octobre 1820, les trois grandes puissances militaires déclarèrent que la situation en Espagne et à Naples éveillait nécessairement un profond sentiment d'inquiétude et d'affliction chez tous ceux qui ont le devoir de veiller à la tranquillité des États, et les mettait dans la nécessité de s'unir pour prévenir en commun les maux qui menaçaient de fondre sur l'Europe. De là un droit incontestable pour les puissances à prendre des mesures de sûreté communes contre les États dans lesquels se produirait un renversement de régime opéré par la sédition, et amenant par son exemple une hostilité contre toute organisation gouvernementale régulière. La France et l'Angleterre s'élevèrent contre ces principes ; le ministre de la Grande-Bretagne, lord Castlereagh, après avoir déclaré, dans une note de mai 1820 (1), que, selon la manière de voir anglaise, un danger direct et imminent pouvait seul donner à un État le droit d'intervenir dans les affaires d'un autre État, disait expressément, dans une circulaire du 19 janvier 1821 (2), que le gouvernement anglais refusait toute participation à la mesure projetée d'une intervention à Naples ; qu'il était disposé à reconnaître le droit d'intervention comme fondé pour tout État, dès que sa prospérité immédiate ou son intérêt serait mis en danger par les événements intérieurs d'un autre État, mais qu'il croyait que seule la nécessité la plus impérieuse pouvait justifier ce droit, et devait le limiter et le régler. Le gouvernement

(1) *Recueil suppl.*, X, 1, p. 176.
(2) *Annual Register*, Cod. 62, II, p. 757.

anglais ne pouvait donc pas admettre son application générale à tous les mouvements révolutionnaires.

Castlereagh fit, dans le même sens, à la séance du Parlement du 22 juin 1821 (1) l'observation suivante :

« Je ne puis reconnaître le principe qu'un État ait le droit de s'immiscer dans les affaires d'un autre État parce qu'il survient des changements dans sa constitution, désapprouvés par le premier. Si certains États voulaient s'ériger en un tribunal, pour prononcer sur les affaires d'autres États, je dis que ce serait s'arroger un droit qui ne pourrait être considéré que comme un défi au droit des gens, et aux principes de la saine raison. Les doctrines des puissances alliées sont une menace pour l'indépendance des autres États, et contraires aux principes les plus élémentaires, et je dois regretter que ces déclarations aient été répandues dans le monde, car je crois que les princes éclairés, quoique *mal conseillés*, ne sont animés, en ce qui concerne la nature de ces déclarations, d'aucune autre intention que le sincère désir de maintenir la paix rétablie. Je déplore que les princes alliés aient adopté de pareils principes généraux, qui ne peuvent être admis, et s'il était reconnu nécessaire de nous séparer de nos alliés, j'espère que nous serions en état de mettre nos principes en pratique ».

Lorsque la force des révolutionnaires ou Carbonari, comme on les appelait, eut été brisée par les troupes autrichiennes à Naples et en Piémont, où une insurrection avait également éclaté, le Congrès se réunit à Vérone au milieu d'octobre 1822, pour terrasser l'Espagne soulevée contre la tyrannie de Ferdinand VII, et arrêter la lutte pour la liberté commencée en Grèce, en 1821, contre le joug barbare de la Turquie.

Déjà, dans un discours du 29 avril 1823, le Ministre d'État Peel avait déclaré monstrueuse (2), la doctrine d'après laquelle toute institution n'émanant pas immédiatement d'un souverain renfermait un danger pour l'Europe, et par conséquent devait être abolie ; Canning, successeur de Castlereagh, dans sa dépêche du 28 janvier 1823, s'était opposé aussi, d'une façon péremptoire, au projet d'intervention contre l'Espagne (3),

____

(1) Voir journal *Hermes*, XI, p. 757.
(2) *Edinburgh Review*, de 1845.
(3) *Annual Register*, vol. 65, p. 114.

sans pouvoir néanmoins empêcher que la France s'en fît l'exécutrice, cette même France, dont le Ministre des Affaires étrangères, le duc Pasquier, avait peu de temps auparavant qualifié l'intervention napolitaine « d'innovation du droit des gens ». Son successeur, Châteaubriand, qui était précédemment du même avis, et avait un jour prononcé à la Chambre ces mots : « Je soutiens qu'aucun gouvernement n'a le droit d'intervenir dans les affaires d'un autre État ; car si ce principe ne prévalait pas, surtout chez toutes les nations qui jouissent d'une libre constitution, il n'y aurait de sûreté pour aucune d'elles », avait modifié subitement sa croyance politique et était devenu le défenseur de l'intervention espagnole, au point de prétendre le 25 février 1825, à la Chambre : « que l'intervention ou la non-intervention était une puérilité absolutiste ou libérale dont ne pouvait s'embarrasser aucune forte tête ; qu'en politique il n'y avait pas de principe exclusif, et qu'on intervenait ou qu'on n'intervenait pas suivant que le conseillaient les intérêts de son propre pays » (1).

Mais ces paroles du ministre ne traduisaient nullement le sentiment du pays, qui se manifesta dans divers écrits (2) contre le système d'immixtion des puissances militaires, et se montra même ouvertement à la Chambre, bien qu'à cette époque le gouvernement en France n'osât pas encore remuer politiquement et fût tenu en lisière par la Sainte-Alliance.

Ainsi que nous l'avons déjà dit, la justification de l'intervention était limitée par les hommes d'État anglais à la nécessité absolue, c'est-à-dire au cas de danger pour la sécurité propre ; cependant ils ne s'en tinrent pas à ce principe, car Canning intervint en 1826, bien qu'au début il eût

---

(1) *Congrès de Vérone*, t. 1. p. 73, 100, 105, 125, 314, 361.

(2) Voyez Bignon, *Le Congrès de Troppau, ou examen des prétentions des monarchies absolues à l'égard de la monarchie constitutionnelle de Naples*, Paris, 1821 ; et, du même auteur, *Le Cabinet et les peuples depuis 1815*, Paris, 1823. — Fiévée, *De l'Espagne et des conséquences de l'intervention armée*, Paris, 1823. — Guizot, *Mémoires pour servir à l'histoire de mon temps*, I, p. 257, Paris et Leipzig, 1858 : « En droit elle était inique, car elle n'était pas nécessaire. La révolution espagnole, malgré ses excès, ne faisait courir à la France ni à la Restauration aucun danger sérieux. Les difficultés qu'elle suscitait entre les deux gouvernements auraient pu aisément être surmontées sans rompre la paix.... Les grands et légitimes motifs politiques manquaient donc à cette guerre ».

repoussé la demande d'intervention, dans les affaires portugaises, lorsqu'après la mort de Jean VI, la reine Charlotte essaya de renverser la nouvelle constitution du Portugal sous la reine Marie, et que l'absolutisme espagnol restauré se prépara à soutenir l'insurrection portugaise. Il est vrai qu'alors l'Angleterre se réclama de ses traités d'alliance, d'après lesquels elle était tenue de répondre à l'appel du Portugal et de le soutenir contre les empiétements de l'Espagne.

Castlereagh limitait ainsi la nécessité absolue invoquée par lui à la condition de la propre sécurité de l'État intervenant ; mais on ne peut pas prendre cette circonstance comme le seul motif légitime d'un acte d'intervention, car il existe bien d'autres intérêts légitimes d'une égale valeur, tels que, par exemple, le danger dont est menacée la prospérité de l'État, sans que pour cela sa sécurité soit mise en péril.

Même le danger commun, qui peut résulter très diversement des agissements de l'État dans les affaires duquel on intervient, ne concerne qu'un seul des intérêts menacés par lui, celui de la commune sûreté, essentiel à chacun des États.

Mais, le fait d'être menacé donnant à un seul État un juste motif d'intervention, à plus forte raison doit-'l en être de même dans le cas de danger commun.

Toutefois, les intérêts menacés ne sont pas, avec le danger que court la sécurité d'un seul État, le critérium pouvant comprendre tous les cas qui autorisent l'intervention. Il y a encore d'autres circonstances qui peuvent la justifier. Une nation commerçante pourra intervenir si une autre nation prend, sans utilité pour elle-même, des mesures capables de nuire au commerce de la première. L'intérêt de l'intervenant consiste alors dans le dommage causé à sa prospérité, qu'il cherche à défendre par des moyens énergiques.

§ 4. — DÉPLACEMENT DE L'ÉQUILIBRE INTERNATIONAL.

D'après la manière de voir de nombreux auteurs, il y a encore un danger commun justifiant l'intervention, c'est le cas où les agissements d'un État peuvent amener un déplacement de l'équilibre international. En effet, on y a trouvé, dans la pratique internationale, un motif d'intervention et de guerre.

Strauch pense (1) que le danger résultant pour l'équilibre international d'un état de guerre doit être considéré comme un juste motif d'intervention ; car il est indispensable que les nations se trouvent dans un état de communauté de droits et d'équilibre de puissance. Il faut à cet équilibre une base matérielle extérieure, résultant de l'égalité effective de puissance des membres les plus forts de l'association de droit.

Mais l'équilibre ne concerne que les grandes puissances et consiste en ce qu'aucune d'elles ne doit pouvoir s'emparer de la domination du monde, ayant des rivales de force égale.

Cet équilibre s'est constitué d'une manière plus parfaite que jamais, et il est de l'intérêt de l'humanité que cette situation se maintienne et ne soit ni menacée ni troublée par la guerre. Les modifications territoriales amenées par la guerre dérangeraient l'équilibre et justifieraient l'intervention des autres puissances, si le territoire acquis par la guerre égalait en étendue une partie notable de celui de la grande puissance voisine, ou si son importance stratégique était hors de toute proportion avec son étendue, comme le territoire de la Suisse, de la Belgique et du Luxembourg.

Cette manière de voir ne peut être admise, et la réglementation qu'y a attachée *Strauch* prouve son peu de sûreté.

Il n'est pas exact que les États se trouvent dans la communauté de droit supposée par Strauch, et qui produirait pour les grandes puissances cette obligation qu'aucune d'elles ne pourrait s'élever au-dessus des autres, afin que leur équilibre pût être assuré.

C'est là une idée empruntée au contrat de société du droit civil, dans lequel aucun des associés ne peut acquérir d'avantage aux dépens d'un autre. Il ne peut en être de même de la situation réciproque des États. Ils ne forment nullement une communauté donnant naissance à des droits qui dérivent d'elle-même immédiatement ; et quand ce serait le cas, il ne serait pas indispensable pour eux qu'il y eût, comme le prétend Strauch, un équilibre de droit et de puissance, qui n'existe d'ailleurs pas en fait, car il y a aussi des États moyens et petits, et ces

---

(1) Strauch, *op. cit.*, p. 10.

derniers sont complètement laissés de côté dans la communauté de droit de Strauch, puisqu'à son point de vue elle ne concerne que les grandes puissances.

Ni la prétendue communauté de droit, ni l'État isolé n'ont droit à ce que l'équilibre existant soit maintenu par la force, et les événements historiques ne l'ont que trop souvent démontré.

L'équilibre européen, qui doit garantir les petits contre les grands et les grands eux-mêmes contre leurs rivaux, car toute lésion d'un côté dérangerait l'équilibre et tous les autres États seraient appelés à le rétablir, n'est qu'une image du rapport des puissances entre elles à l'état de repos. Cet équilibre repose avant tout sur l'idée que son existence est nécessaire à la conservation des États. L'un se voit menacé si la puissance de l'autre s'accroit ; en effet l'envie et la jalousie éveillent la vigilance de la créature humaine. Le maintien de l'équilibre n'a pour objet que d'abaisser la puissance grandissante d'une nation, et si l'on réussissait à le faire observer strictement, le développement des États serait tout à fait impossible.

Trendelenburg tire justement les déductions suivantes du principe de l'équilibre des États (1) :

« Les États ont tiré ce bastion des sentiments naturels de l'homme, et ils travaillent depuis trois siècles, sans parvenir à le rendre imprenable ; l'invention doit servir à maintenir la paix, mais elle sert de prétexte à la guerre. Aussi longtemps que le droit de la jalousie et de l'envie sera la force protectrice de cet axiome politique ; aussi longtemps que chacun calculera le poids et le contre-poids mécanique, pour savoir s'il y a de l'autre côté autant de force de résistance qu'il y a de force d'attaque de son côté, l'équilibre ne reposera pas sur un centre de gravité moral, tout État dont la force augmentera, ou qui saura diviser les forces d'un autre, pourra rompre l'équilibre. Tout progrès constituera un dérangement de l'équilibre, et en dernière ligne chaque État devra compter sur sa propre force pour la défense de son droit et de son développement ».

Si la prise d'un territoire et son annexion au domaine de l'État vic-

____

(1) Trendelenburg, *op. cit.*, pp. 220, 588 et suiv.

torieux dans une guerre doit justifier l'intervention des autres puissances, comme le pense Strauch, cela revient à frustrer du fruit de sa victoire l'État qui, dans une guerre juste, aura vaincu son adversaire. D'après la théorie de Strauch, les grandes puissances auraient dû intervenir, et auraient eu de justes raisons de le faire, lorsqu'en 1860 se fonda le royaume d'Italie ; lorsqu'en 1866 la Prusse victorieuse de l'Autriche s'annexa plusieurs États allemands ; lorsque l'Allemagne, après ses succès de 1870-71, arracha à la France l'Alsace-Lorraine avec l'incomparable place forte de Metz et dérangea ainsi l'équilibre. Une fédération de peuples, comme la triple alliance conclue entre l'Empire d'Allemagne, l'Autriche-Hongrie et l'Italie aurait également fourni aux autres grandes puissances un juste motif d'intervention, car elle a manifestement rompu l'équilibre. D'après cette théorie, l'intervention de la France eût aussi été justifiée, lorsqu'elle fit déclarer par l'ambassadeur Benedetti qu'elle s'opposerait à ce qu'un prince de Hohenzollern montât jamais sur le trône d'Espagne.

La conception exacte de l'équilibre doit être tirée des points de vue suivants :

On ne saurait prétendre que tout dérangement des rapports de puissance des États, grands ou petits, entraîne nécessairement un danger commun, et par suite fournisse un juste motif d'intervention. Cela peut être ; mais il se peut aussi que cela ne soit pas.

Dès l'antiquité nous rencontrons la tendance au maintien d'un équilibre politique (1).

C'est ainsi qu'Hérodote et Xénophon racontent comment la crainte du puissant Empire de Perse sous Cyrus conduisit à une confédération des Assyriens, Lydiens et Egyptiens, à la tête de laquelle était Crésus ; Démosthène poussait aussi à la confédération de toute la Grèce, lorsque, sous Philippe, la Macédoine menaçait l'indépendance grecque, et Hiéron de Syracuse, quoique allié de Rome, envoya du secours à Carthage, parce qu'il était à craindre qu'après la chute de cette ville Rome ne devînt seule dominatrice du monde alors connu.

Dans ces cas-là il y avait, pour les États qui songeaient à l'interven-

(1) On trouve un exposé des interventions qui ont eu lieu dans le traité de C. J. Heyne *Reges a suis fugati externa ope in regnum reducti*, Gœttingen, 1701 (in-folio).

tion, un danger commun causé par un autre État convoitant l'Empire du monde. Une situation semblable existait au XVI° siècle, lorsque Charles-Quint avait réuni sous son sceptre une masse énorme de territoires et donnait par là lieu de redouter une monarchie universelle, encore redoutable quand ce corps de géant se montrait déjà abattu, épuisé, sous Philippe II, et éveillait chez Henri IV de France l'idée de le démembrer et de fonder une fédération des États d'Europe pour établir un équilibre politique.

Durant le XVII° siècle, et jusqu'à la moitié du XVIII°, on caressa en divers lieux l'idée d'un équilibre européen. Une grande partie des écrivains politiques s'occupa de l'établir, et, même alors que la révolution française menaçait d'une dissolution complète le système soutenu jusquelà, l'Allemagne était inondée d'écrits, dont les uns agitaient le problème du rétablissement de l'équilibre européen, tandis que d'autres le considéraient comme une idée absurde (1).

Il faut reconnaître avec Heffter (2) que l'idée d'un équilibre politique des États n'est point en elle-même une chimère, mais que l'on ne saurait admettre que de son dérangement il s'ensuivit pour certaines nations le droit d'empêcher l'agrandissement de territoire et de puissance qui en est résulté pour une autre. On ne pourra parler de l'admissibilité d'une intervention que dans les cas où il y aura en même temps une menace pour leur existence politique.

Cette admissibilité pourra même, dans certaines circonstances, se changer en obligation, car si un État s'aperçoit qu'un autre prend un développement tel que l'anéantissement politique d'autres États en devienne vraisemblable, et s'il reste passif en face de ce développement illimité, non seulement, comme le fait justement ressortir Geffcken (3), il

(1) Von Schmettow, *Patriotische Gedanken über stehende Heere, politisches Gleichgewicht, etc.*, Altona, 1793. Gaspari, *Über das politische Gleichgewicht der europäischen Staaten*, Hambourg, 1703. Hendrich, *Versuch über das Gleichgewicht der Macht bei den alten und neuen Staaten*, Leipzig, 1796. Voigt, *System des Gleichgewichts und der Gerechtigkeit*, Francfort, 1802. Gentz, *Fragmente aus der Geschichte des politischen Gleichgewichts in Europa*, Leipzig, 1804 et 1806. Butté, *Ideen über das politische Gleichgewicht von Europa*, Berlin, 1818. Theopluton, *Vom Götzendienst unsrer Zeit. Erster Götze : Politisches Gleichgewicht*, Berlin, 1818.

(2) Heffter, *op. cit.*, p. 10.

(3) Geffcken, *op. cit.*, p. 11, note 2.

perd tout son prestige, mais encore il devra expier par la suite ce manque d'intelligence de ses intérêts, lorsque la puissance en question, ayant absorbé les autres États, tournera ses forces contre lui. C'est ainsi que la Prusse se vit menacée de ruine en 1806, après la bataille d'Iéna, parce que l'année précédente elle était restée paisible spectatrice de l'écrasement de l'Autriche par Napoléon. Comme on l'a vu plus haut, il est impossible de poser des règles fixes au sujet des cas où il y a lieu à intervention, et chaque fois il faudra considérer avec soin s'il y a lieu de s'opposer au développement des forces d'un État, comme constituant une menace.

Mais il faut tout spécialement examiner s'il existe réellement une cause légitime d'immixtion, bien qu'il puisse être admis au préalable qu'une diplomatie portée à l'immixtion se convaincra difficilement de la nécessité de s'en abstenir pour la raison que l'on peut y faire valablement des objections fondées en droit.

Lorsque la légitimité d'un motif d'immixtion a été proclamée par l'État intéressé, il n'y a plus, lors même qu'elle reposerait sur l'égoïsme politique ou serait dictée par l'intérêt dynastique du gouvernant, aucun tribunal qui puisse en établir la véritable valeur. Abstraction faite de l'opinion publique, on n'en peut plus appeler qu'à l'histoire comme juge incorruptible.

§ 5. — Existence d'intérêts moraux.

Aux intérêts qui, lorsqu'il existe une juste cause, permettent à un État de soutenir sa réclamation, peut aussi s'ajouter un intérêt moral.

Cet intérêt est celui de l'humanité, s'il arrive que les droits humains les plus sacrés soient foulés aux pieds dans un autre État.

Par contre un État pourrait commettre une violation du droit des gens sans que l'on y trouvât un motif légitime d'intervention, s'il tolérait l'esclavage ou montrait une certaine intolérance à l'égard de ses sujets chrétiens, car ces faits ne portent pas en eux-mêmes la violation d'un intérêt moral pouvant fournir aux États une occasion motivée d'intervenir.

S'il s'agit de l'esclavage, on devra considérer que de nos jours encore il est tenu pour indispensable chez certains peuples et jouit par là d'une légitimité relative, tandis que la majorité des philosophes d'État, ainsi que les moralistes, sont d'avis de rejeter cette institution. Il ne paraît pas convenable de vouloir enlever violemment et d'un seul coup à un peuple l'esclavage qui est pour lui une institution enracinée, reposant sur la tradition et consacrée par le temps. D'ordinaire on cherche, dans l'enthousiasme qu'inspire la suppression de l'esclavage par l'intervention, à invoquer la nécessité de protéger les droits de l'humanité dans la personne de l'esclave, sans considérer que souvent, et surtout dans les pays musulmans, les esclaves sont hors d'état de comprendre pourquoi ils sont l'objet de tant de bienveillance de la part des nations étrangères.

Dans les États de l'Islam on n'attache pas une idée d'opprobre à la condition de l'esclavage, et la différence entre hommes libres et non-libres ne saute pas aux yeux, comme dans les pays de la chrétienté où l'esclavage existait jadis.

On ne saurait donc ériger en doctrine positive, au point de vue de la morale et de l'humanité, que l'esclavage doive être supprimé par l'emploi de la force. Les États musulmans ne comprendraient pas cette prétention. Tout au plus pourrait-on empêcher la pratique du commerce des esclaves, telle qu'elle existe encore dans certaines contrées de l'Afrique. Mais de l'interdiction d'un pareil commerce à la déclaration générale que la possession d'esclaves est illégitime, il y a trop loin pour qu'un État, quel qu'il soit, s'y croie autorisé (1).

Il en est à peu près de même pour la soi-disant protection des droits de l'humanité, en cas de mauvais procédés de nations de croyance différente à l'égard de leurs sujets chrétiens. Là non plus il n'y a pas de violation d'un intérêt moral qui puisse donner lieu à une intervention.

On ne peut plus soutenir aujourd'hui qu'un État chrétien ait le devoir de protéger, au moyen d'une guerre de religion, les sujets chrétiens contre l'oppression de l'État dans lequel ils habitent, ou d'entreprendre dans ce but des croisades contre les infidèles. Si un État non-chrétien compte des chrétiens parmi ses sujets, c'est à lui qu'il appartient de déterminer librement les droits de ceux-ci.

(1) V. aussi Strauch, *op. cit.*, p. 14.

Si l'on voulait instituer un droit d'intervention en faveur des chrétiens opprimés, il faudrait admettre la légitimité de son application aux États chrétiens eux-mêmes. Alors un État catholique serait autorisé à intervenir si, dans un État protestant, les catholiques ne jouissaient pas de droits égaux à ceux des protestants.

Il y aura assurément des exceptions à la règle ci-dessus, par exemple si, dans des États non-chrétiens, on proclame des principes ayant pour conséquence une oppression sanglante des chrétiens, comme cela s'est fait plusieurs fois en Chine, et tout récemment encore dans les provinces asiatiques de la Turquie. Dans ce dernier cas, il n'y a pas eu d'intervention, parce qu'il n'y a pas eu d'entente des puissances à cet effet et que la Porte s'est décidée, bien à contre-cœur, à réprimer par les armes l'agitation provoquée par un fanatisme sauvage.

§ 6. — EXISTENCE DU CAS DE NÉCESSITÉ.

On a indiqué comme intervention permise l'immixtion dans les affaires d'un État étranger dictée par la nécessité.

Il est certainement exact qu'une action entreprise en cas de nécessité ne présente rien de contraire au droit, parce qu'elle n'est qu'un acte de défense personnelle.

Mais aussi ce n'est point là une intervention.

En cas de nécessité, il est permis de violer immédiatement un droit étranger, pour la protection d'un bien ou d'un droit propre mis en péril. De cette notion du cas de nécessité ressort déjà la différence qui le sépare de l'intervention.

Car, pour la défense de simples intérêts en danger, une violation immédiate de droits étrangers n'est pas admissible, tandis que celui qui est dans le cas de nécessité n'adresse à son adversaire aucune injonction pour l'engager, sous la menace de mesures coercitives, à adopter une ligne de conduite déterminée, au contraire, sous la pression du danger dans lequel se trouvent sa personne ou sa propriété, il procède à la violation immédiate du droit étranger. L'acte commandé par la nécessité a donc un tout autre aspect que l'intervention ; s'il en était autrement, il ne serait pas besoin de règles particulières pour les interventions, car elles seraient soumises simplement à celles de l'état de nécessité.

Un État se trouvant dans le cas de nécessité réelle ne pourrait d'ailleurs pas, le plus souvent, se défendre par un acte d'intervention, car il n'arriverait ainsi que trop tard, et peut-être seulement alors que le danger aurait déjà pris de si vastes proportions que sa ruine serait imminente.

La question se pose aussi de savoir contre quel État un autre État se trouvant dans le cas de nécessité devra diriger son intervention. Ce ne peut être évidemment que celui qui est cause de cette nécessité. Mais il est difficile d'établir une circonstance dans laquelle un État en mettra un autre dans une situation constituant un réel cas de nécessité. Un État peut se livrer contre un autre à une violation de ses droits ou de ses intérêts ; il peut lui causer des dommages, le ruiner par une guerre, mais dans toutes ces conjonctures la conception d'un cas de nécessité n'est pas remplie, car l'État qui se trouve dans une situation semblable ne fait pas un acte de nécessité, il ne fait que se défendre.

Et si un État se trouve dans une situation de gêne amenée par ses conditions d'existence, si, par le désordre de ses finances ou la négociation d'emprunts insensés, il est conduit à la banqueroute, et par suite ne peut satisfaire ses créanciers étrangers, cela ne constitue pas pour l'État auquel appartiennent les créanciers lésés un cas de nécessité.

Le cas de nécessité consiste en ce que le danger n'est pas le résultat de l'activité humaine, tandis que, dans l'intervention, c'est la conduite d'un État qui occasionne le danger.

Mais dans tous les cas de ce genre, le danger ne résulte plus de l'état de nécessité, on doit le considérer sous un autre aspect.

§ 7.—LA QUESTION D'INTERVENTION NE DOIT PAS ÊTRE TRAITÉE DIFFÉREMMENT, QU'ELLE SE PRODUISE DANS LES AFFAIRES INTÉRIEURES OU EXTÉRIEURES D'UN AUTRE ÉTAT.

La question de la légitimité d'une intervention ne peut pas être résolue différemment, selon qu'il s'agit de l'immixtion dans les affaires *intérieures* ou dans les affaires *extérieures* d'un autre État. Car cette différence introduirait dans l'intervention des considérations hétérogènes.

Celle-ci est toujours fondée si la manière d'agir de l'État, objet de l'intervention, menace un intérêt particulier légitime de l'intervenant ; or ce danger peut très bien résulter aussi pour un État de la condition et des affaires intérieures d'un autre État.

A une époque où les prolétaires sont remplis d'idées révolutionnaires, entretenues par les relations internationales entre travailleurs, l'intérêt et même la sécurité d'un État peuvent être menacés, si un gouvernement révolutionnaire s'établit dans un État voisin et s'empare de la direction des affaires du pays. Si une nation, la Suisse, par exemple, se faisait l'asile de tous les anarchistes, nihilistes et révolutionnaires, et tolérait leurs criminels desseins contre la constitution des autres États ou contre leurs dirigeants, une intervention de ceux-ci serait justifiée, car une manière d'agir aussi manifestement hostile à la paisible existence des États voisins les autoriserait indubitablement à se protéger contre la contamination, vu que cette condition de droit ne serait plus réalisée : *in suo quisque facere non prohibetur, dum alteri non nocet.*

En fait, il arrivera rarement que la situation et les événements intérieurs d'un État donnent lieu à l'intervention d'un autre, car sauf les faits que nous avons donnés comme exemples, ces événements ne concernent que l'État intéressé, et ce n'est que difficilement et par exception qu'ils exercent à l'extérieur une action telle que l'autre État puisse y voir un danger suffisant pour avoir recours au moyen de l'intervention.

Mais, de ce que le danger d'une répercussion au dehors des affaires intérieures d'un État soit peu fréquent, il n'en résulte point que l'on puisse reconnaître comme un principe de droit international, ainsi que le voudrait Martens (1), que l'indépendance des États s'oppose à l'intervention, même dans une situation aussi complexe.

Si le principe soutenu par Martens était juste, il en résulterait qu'une intervention dans les affaires extérieures d'un État ne serait pas non plus admissible et par conséquent que l'intervention ne devrait jamais être admise.

Mais, ainsi que nous l'avons démontré, un semblable principe de non-intervention ne peut pas être reconnu. Les partisans mêmes de ce principe réduit de non-intervention, comme Martens, sont obligés d'y admettre des exceptions.

(1) Martens, *Völkerrecht*, Berlin, 1883, t. I, § 76, p. 300 et suiv.,

§ 8. — Nécessité d'une intervention collective.

Le même auteur (1) considère comme admissible une intervention dans les affaires intérieures d'un État, si les intérêts de la communauté internationale la réclament. Ici doit se placer l'exception de l'intervention collective, c'est-à-dire de l'action commune de toutes les grandes puissances contre l'État en question. D'après Strauch, l'intervention à l'intérieur d'un État est exceptionnellement possible, s'il s'agit d'une contestation qui, d'ordre purement intérieur à l'origine, a pris par la suite un caractère international au point de donner lieu à un danger commun pour les nations alliées.

D'après cette manière de voir, un État resterait sans protection, si les événements intérieurs s'accomplissant dans un second État ne prenaient un aspect menaçant que pour ses seuls intérêts, tandis que ceux des autres États n'en seraient pas affectés ; il ne pourrait même pas chercher à éteindre un incendie qui éclaterait dans un État voisin et le menacerait, si les autres États n'étaient pas amenés à prendre part à cette action. Il serait inouï de vouloir imposer cette condition de la participation générale de tous les autres États. Elle est aussi peu nécessaire que l'existence d'un danger commun.

Chaque État intervient pour défendre ses propres intérêts, et non ceux des autres États, bien qu'il puisse y avoir pour lui une combinaison de ces deux fins, de sorte que la raison de l'intervention relève uniquement de son jugement personnel.

Ce qu'on appelle intervention collective n'est autre chose que la réunion d'un certain nombre d'interventions indépendantes et plus ou moins analogues dans leur but, et c'est un fait peu fréquent en droit international, de voir plusieurs États assumer en même temps le rôle de défenseurs des mêmes intérêts.

Généralement ce sont des intérêts différents qui forment pour les divers États le motif d'intervention.

Lorsque la guerre de 1894 entre le Japon et la Chine, qui fut favorable

______

(1) Martens, *op. cit.*, p. 301.

au premier, fut terminée, le Japon demanda le partage de la presqu'île de Liaotong. La Russie et la France intervinrent aussitôt contre cette prétention, parce qu'elles considéraient l'acquisition de cette portion de terre ferme comme une menace constante pour Pékin et l'indépendance de la Corée, ainsi que pour la paix générale. L'Allemagne se joignit à cette intervention, mais pour d'autres motifs, c'est-à-dire uniquement pour la protection des intérêts du commerce allemand.

§ 9. — Interventions légitimes et illégitimes. Leur comparaison.

Les motifs de l'action de ces différents États n'étaient donc pas identiques ; l'intervention de l'Allemagne, bien que se présentant comme collective, était complètement indépendante, et sa légitimité ne relevait que du jugement personnel de l'Empire allemand.

De même que Castlereagh, Geffcken considère aussi (1) comme inadmissible une intervention tirée du motif que la seule existence d'une forme de gouvernement dans un État, ou de certains principes admis dans son intérieur constitue un danger pour d'autres États. Il ne nie pas d'ailleurs la légitimité d'une intervention, mais il parle en termes désapprobateurs d'un acte de cette nature, s'il résulte des hypothèses ci-dessus. On fera bien de consulter l'histoire pour savoir si une pareille immixtion est justifiée ou non dans la pratique, car si, en général, on ne saurait se refuser à admettre que l'adoption par un État d'une forme de gouvernement différente de celles qui ont été usitées jusqu'à présent ne peut pas être considérée comme un symptôme de danger pour d'autres États, de sorte que ceux-ci n'ont généralement aucun droit de s'opposer à cette nouvelle phase du développement du premier et de porter atteinte à son autonomie, l'on ne peut pourtant point interdire à un État de voir dans certains événements une menace pour son existence, s'il en redoute les graves conséquences. Il n'y a donc pas pour lui de borne fixée par la justice, en deçà de laquelle il doive ignorer les faits et gestes de l'État voisin. Dans tous ces cas, la solution dépend du point de vue auquel se place l'État qui examine la question d'intervention.

(1) Geffcken, *op. cit.*, p. 137.

Lorsque le stathouder de Hollande et de Frise occidentale s'adressa à Frédéric le Grand pour obtenir un secours armé, ce souverain le refusa, pour le motif qu'il n'était pas disposé à s'immiscer dans les affaires intérieures de cet État libre et à violer ainsi ses droits de souveraineté.

Cette conduite était politiquement justifiée, la preuve en fut donnée par la conduite opposée du successeur de Frédéric le Grand, Frédéric-Guillaume II, qui, cédant aux prières réitérées de sa sœur, l'épouse du stathouder de Hollande, fit entrer une armée de 25,000 hommes pour étouffer l'insurrection hollandaise, sans toutefois pouvoir, malgré un succès momentané et le rétablissement du stathouder dans ses droits, abattre d'une manière durable l'ancien parti des États, et sans s'attirer aucune sympathie dans le pays.

L'intervention contre la grande Révolution française du siècle dernier doit être aussi ramenée dans son origine à la seule circonstance que la France républicaine était considérée comme une source de dangers par les souverains du reste de l'Europe, et qu'ils craignaient, en tolérant son existence, de voir la fin de leur pouvoir absolu.

Le principe d'intervention, tel qu'il fut nettement posé dans les traités de Pilnitz, le 27 août 1791, fut suivi de la première coalition contre la France, et cette guerre déchaîna tous les maux qui fondirent sur l'Europe entière.

Il se produisit, lors de cette intervention, précisément le contraire de ce qu'on recherchait, car les velléités de pacification qui la caractérisaient échouèrent complètement et donnèrent naissance à des perturbations funestes aux intérêts monarchiques.

Mais on ne peut pas s'appuyer sur cet insuccès pour reconnaître comme principe général que toute immixtion d'un État dans les mouvements révolutionnaires d'un État voisin est un moyen illégitime de témoigner les susceptibilités que font naître ces événements, car le droit de légitime défense peut très bien servir de fondement à cette immixtion.

Si, en Russie et en Autriche, le peuple polonais s'insurgeait victorieusement et voulait reconstituer une nationalité polonaise, la Prusse, c'est-à-dire l'empire d'Allemagne, aurait un intérêt légitime à intervenir pour s'y opposer, parce que l'existence d'un pareil État provoquerait des efforts dans le but d'arracher à la Prusse sa portion du territoire polonais, pour la rattacher à l'État souverain de Pologne. Il y a, au surplus, des interventions manifestement illégitimes, qui restent telles, tout en se répétant fréquemment dans l'histoire. Ce sont des formes devenues typiques d'iniquité historique, que l'on peut citer comme des exemples décourageants.

De ce nombre sont les partages de la Pologne (1). Le premier eut lieu en l'année 1772, lorsqu'eut éclaté une révolte contre le roi Stanislas Poniatowski, parce que, sur le désir de la reine Catherine, il avait accordé aux non-catholiques des droits égaux à ceux des catholiques ; le second en 1793, parce que l'on prétendait être dans la nécessité d'arrêter *les terribles conséquences de la pénétration en Pologne de l'esprit du jacobinisme*, mais ce n'était là qu'un prétexte spécieux et arbitraire, couvrant de tout autres desseins.

Tandis que la sophistique de la diplomatie de l'époque s'était efforcée, lors du premier partage, d'invoquer le droit historique comme motif déterminant, il fallut, pour le second, invoquer comme raison le salut des véritables principes de gouvernement. Le troisième partage, qui eut lieu en 1795, ne fut que la conclusion d'une politique qui tenait haut la bannière de la violation du droit.

Ce furent assurément là des immixtions tout à fait illégitimes, ne répondant qu'aux maximes de l'égoïsme.

On retrouve pareille négation du droit dans tout acte qui n'est entrepris qu'en faveur d'une affinité de race avec les sujets d'autres États.

Dans cet ordre d'idées, la Prusse n'a jamais pensé à faire des représentations au Cabinet russe, au sujet du cruel traitement infligé à l'élément allemand dans les provinces de la Baltique, bien qu'il fût dénué de toute apparence de justice ; mais la Russie a obéi à d'autres sentiments en s'immisçant sans cesse dans les affaires de la Turquie au profit de la race slave. On peut parfaitement accorder que la même langue, la même origine et les mêmes idées forment pour certains peuples un lien moral, mais il est impossible d'aller jusqu'à trouver là une raison de proclamer

____

(1) Martens, *op. cit.*, p. 109.

le droit d'intervenir en faveur d'un peuple ayant une parenté d'origine, dont on s'efforce uniquement de faire un satellite, en ayant l'air de défendre son existence.

On ne peut donc pas soutenir le droit d'intervention de la Russie, sous prétexte d'une parenté nationale avec les sujets d'autres États, car une nationalité n'est point, comme le dit avec raison Geffcken (1), une communauté de droit public ou international, ni une personnalité de droit. D'ailleurs la Russie n'a jamais été dans le cas de pouvoir prétendre que sa sécurité et son indépendance aient été mises en danger par la situation des habitants des Balkans.

Mais vis-à-vis des types d'interventions complètement illégitimes, il en est aussi un grand nombre qui sont justifiables par principes, et qui se répètent fréquemment dans l'histoire du monde. De ce nombre est l'intervention contre un État que sa barbarie et son despotisme portent à anéantir un élément de civilisation supérieure, afin de mettre un terme à ses inhumanités et à ses cruelles effusions de sang. Toutefois ce motif ne fut pas mis à profit pour une intervention contre la Turquie, dans la guerre de l'indépendance hellénique, commencée en janvier 1821, bien que l'intervention fût demandée par les Grecs au nom de la liberté, de l'humanité et du christianisme. La conséquence rigoureuse du principe admis par la Sainte Alliance, pour l'invariabilité de sa conduite politique, exigeait la condamnation des Hellènes soulevés contre leur gouvernement légitime, c'est-à-dire existant en vertu du droit historique, et le Congrès de Vérone désapprouva tout enthousiasme pour la cause de la Grèce, que la circulaire des grandes puissances conservatrices, du 14 décembre 1822, déclarait être « un rayonnement de l'esprit de révolution dans l'Orient », oubliant de dire que les Osmanlis n'étaient jamais entrés avec les raïas dans un véritable rapport légitime de souveraineté fondé sur les traités (2).

Ce ne fut que sur les instances réitérées de Canning, que la France et la Russie commencèrent à agiter avec l'Angleterre les mesures à prendre en commun dans l'affaire grecque, pour aboutir au traité de

(1) Geffcken, *op. cit.*, p. 147.

(2) V. Webster, *Speech on the greek revolution;* Washington, 1824, et Krug, *Dikœopolitik*, p. 336 et suiv.

Londres, du 6 juillet 1827, qui offrit à la Porte un arrangement d'après lequel les Grecs devaient rester sous la suzeraineté du sultan, moyennant un tribut fixe annuel. Il fut stipulé, dans des articles secrets, que tout conflit entre les deux partis en lutte devrait être empêché autant que possible, sans que les puissances prissent part aux hostilités.

L'attaque de l'escadre alliée, dans le port de Navarin, par quelques navires égyptiens, suffit pour donner lieu à une intervention des puissances, qui se manifesta par l'anéantissement de la flotte turque.

Mais l'inconséquence des cabinets laissa cependant peu de chose à espérer pour les Grecs ; le 22 mars 1829, dans le traité de paix conclu à Londres, sous forme d'un nouveau procès-verbal de conférence, on était encore d'avis que le *principe de légitimité* ne pouvait pas être violé et que la Grèce ne devait pas former un État indépendant. Ce ne fut que le 3 février 1830 que le protocole de Londres admit comme clause essentielle que la Grèce formerait un État indépendant.

Un côté caractéristique de la question, c'est de savoir si une intervention *continuelle* d'un État dans les affaires d'un autre est justifiée ou non, lorsque le premier, tout en reconnaissant officiellement les droits et l'indépendance de l'autre, s'arroge constamment, par un machiavélisme international, la faculté d'intervenir, sous prétexte d'un prétendu droit de nécessité politique. La répétition d'une intervention donnera toujours lieu de se demander si l'intervenant agit en vertu d'une juste cause et si l'intervention a bien comme objet pratique de protéger ou non des intérêts en souffrance, ou si elle n'a pas au contraire bien plutôt celui de proclamer d'une manière égoïste son hégémonie ou tout au moins de s'attribuer des avantages inadmissibles.

L'histoire en donne un assez grand nombre d'exemples.

Lorsque la France et la Suède eurent garanti la paix de Westphalie, et, par suite, la constitution de l'Empire d'Allemagne, la France fit résulter de l'article XVII, §§ 5 et 6 du traité, le droit pour elle de s'immiscer continuellement dans les affaires allemandes, ce qui faisait de l'empire allemand comme un jouet pour les puissances étrangères. Ainsi la Russie prétendit, en 1791, en s'appuyant sur cette circonstance, que, sans y avoir été invitée par l'empereur et l'empire, elle garantissait la paix de Teschen, du 13 mai 1779, qui avait mis fin à la guerre de succession de Bavière, donné au duc Charles-Théodore de Deux-Ponts le pays bavarois, à l'exception d'Innviertel et de Braunau, etc., et promis à la Prusse que l'Autriche n'apporterait aucune entrave à ses succès à Ansbach et Baireuth, que cette paix, contenant une confirmation de celle de Westphalie, lui donnait le droit de s'immiscer à son gré dans les affaires allemandes.

De la garantie des lois constitutionnelles de Pologne, assumée en 1773 par l'Autriche, la Russie et la Prusse, garantie qui offrait manifestement le caractère de la contrainte, résultèrent également de continuelles immixtions des puissances, qui, selon le dire de Gagern (1), conduisirent à cette iniquité suprême de provoquer le partage de la Pologne et d'être indirectement cause que Louis XVI monta sur l'échafaud.

La Porte a dû aussi subir de la part de la Russie, dans le cours de ce siècle et du dernier, des interventions continuelles, le plus souvent injustifiées.

Elles reposaient principalement sur des motifs politiques, bien que des questions religieuses y fussent mêlées, par suite du fanatisme des musulmans contre ceux qui ne partageaient pas leur croyance. Comme le Coran, le livre saint des musulmans, est à la fois un code religieux, civil et politique, il est aisé de comprendre que les Osmanlis se font du droit une toute autre idée que les nations chrétiennes.

La justice turque a été d'ailleurs, jusque dans ces derniers temps, peu digne de ce nom. Elle ne vise pas la punition des crimes ; elle exprime plutôt l'irritation du moment. Sans parler de ses marchés impudents et de sa vente avouée au plus offrant, la différence de traitement entre les chrétiens et les musulmans, et la mise hors la loi complète des premiers, qui a été poussée jusqu'à leur refuser le droit de plainte et de témoignage contre leurs oppresseurs, les a obligés, dès les premiers temps, à soustraire le jugement de leurs contestations à la décision des fonctionnaires turcs et à se constituer des juges particuliers, ce à quoi les Sultans ont consenti.

Venise, la première, obtint ce privilège au moyen âge, en considération de son importance maritime ; plus tard la France et d'autres États

(1) De Gagern, *Kritik des Völkerrechts*, Leipzig, 1840, p. 165.

européens se firent aussi accorder des capitulations. Les traités de paix de Carlowitz (26 janvier 1692), Passarowitz (1718), Belgrade (1739), Sistova (1791), conclus à la suite de guerres acharnées avec les Turcs, ont en partie formé la base d'un changement notable dans le traitement des chrétiens.

A mesure que le fanatisme décrut, la conduite de la Porte à l'égard de ses sujets chrétiens (les raïas) dut aussi devenir plus humaine, car la conviction se fit qu'ils étaient absolument indispensables au maintien de l'indépendance politique de la Porte.

Sous la pression de la Russie, le droit de libre exercice de leur religion est accordé, par le traité de Koutchouk-Kaïnardji conclu le 21 juillet 1774, aux Grecs orthodoxes sujets de la Porte en Bessarabie, dans les principautés danubiennes, en Mingrélie et en Géorgie, ainsi qu'aux Tsars russes, pour leurs nationaux, sans toutefois leur accorder, comme le veut Martens (1), le droit de s'immiscer dans les affaires intérieures de la Turquie pour des motifs religieux.

Les guerres soutenues contre la Russie depuis Catherine II s'étant toujours terminées pour la Turquie par une perte de territoire, ainsi que le montrent clairement les traités de paix de Jassy en 1791 et 1792, de Bucharest en 1812 et d'Andrinople, le 14 septembre 1829, l'État des Osmanlis finit par s'enfoncer dans sa mollesse au point que lorsqu'éclatèrent dans son intérieur de formidables soulèvements, qui mirent son existence en question, et que l'insurrection égyptienne s'étendit jusqu'en Asie Mineure sans qu'il pût l'arrêter, il se jeta dans les bras de sa rivale, pour avoir un secours qu'il obtint par le célèbre traité de protection et d'alliance d'Unkiar-Skelessi, du 8 juillet 1833.

La Porte et la Russie, les plus grands ennemis héréditaires du monde, conclurent une alliance pour la défense commune contre toutes attaques, soit de l'étranger, soit de l'intérieur ; cependant, dans un article additionnel secret, la Russie renonçait à toute aide matérielle de la Porte dans le cas d'une guerre dont la menacerait un autre État ; celle-ci devait uniquement fermer le passage des Dardanelles à tous navires étrangers et ne leur permettre, sous aucun prétexte, l'accès dans la mer Noire.

(1) Martens, *op. cit.*, p. 126-127.

Cela donnait à la Russie une garantie de sécurité complète au sud, ainsi que, d'autre part, la possibilité, en cas de soulèvements en Turquie, d'occuper militairement ses provinces, sous prétexte de maintenir la tranquillité et la sécurité de cet État, de telle sorte que de son empressement à rendre service il résulta pour elle un droit permanent d'immixtion dans les affaires de la Turquie.

Lorsque ce traité fut connu en Angleterre et en France, il y causa tant d'inquiétudes que les ambassadeurs des deux puissances à Constantinople furent chargés d'obtenir que l'article additionnel fût supprimé, mais la Porte s'y refusa et répondit à la note collective qui lui avait été adressée, le 27 août 1833, qu'elle avait le droit de conclure ce traité où l'intérêt des autres puissances n'était pas en jeu.

La diplomatie russe avait évidemment inspiré ce refus, en convainquant les hommes d'État du Bosphore que l'existence de la Turquie n'était possible que moyennant une étroite entente avec la Russie. Ses efforts amenèrent également le hatti-chérif de Gulhané du 3 novembre 1839 (firman du 21 novembre 1838), par lequel le Sultan proclama le principe de la liberté des cultes pour tous ses sujets, sans tenir compte de leur foi religieuse.

Malheureusement ce firman n'eut qu'une importance documentaire et fut la cause indirecte qui amena la Russie à dévoiler ses véritables projets, sous le masque de protectrice de l'Église orthodoxe grecque.

La question bien connue des lieux saints fournit un prétexte à ses procédés nettement hostiles à la Turquie : la Porte ayant déclaré en 1852 que toutes les confessions chrétiennes devaient jouir des mêmes droits dans les lieux saints, la Russie vit dans cette déclaration une atteinte portée à de prétendus privilèges de ses coreligionnaires, et voulut en 1853, en vertu du traité, prendre personnellement en main leur défense et faire en outre valoir son droit à protéger les chrétiens orthodoxes grecs contre la malveillance des fonctionnaires turcs. La Porte s'y opposa résolument, alléguant que c'était une violation de sa souveraineté et affirmant, une fois encore, son droit vis-à-vis de ses sujets chrétiens.

Cependant cela servit peu la politique russe, car elle visait ouvertement à effacer de la carte l'Empire ottoman. Si malgré toute la défiance qu'éprouvaient contre la Russie l'Angleterre et la France, ces puissances avaient jusque-là douté de la possibilité d'une mesure si énergique, leurs yeux furent ouverts par un entretien qui eut lieu en janvier 1853 entre l'Empereur Nicolas et l'Ambassadeur anglais sir George Hamilton Seymour, entretien dans lequel le Tsar laissa entendre avec la plus grande franchise que le règlement de la succession du malade de Stamboul s'offrait aux puissances.

Mais la Russie ne rencontrant pas dans les puissances occidentales des dispositions favorables à ses vues, fit alors revivre l'ancien prétexte de la protection qu'elle exerçait sur les chrétiens orientaux, en vertu du droit à elle conféré par les termes du traité ; mais en réalité elle n'avait en vue que l'exécution du projet arrêté depuis longtemps de morceler la Turquie, et le 3 juillet 1853, ses troupes traversèrent le Pruth et occupèrent les principautés danubiennes. La guerre avec la Turquie, soutenue par l'Angleterre et la France, eut une issue malheureuse pour la Russie, et dans la paix conclue à Paris le 30 mars 1856, la Russie perdit son droit exclusif de protection des populations chrétiennes de l'Empire turc et en même temps la faculté de s'immiscer dans les affaires intérieures de cette puissance. En outre, la mer Noire fut neutralisée et interdite à tous vaisseaux de guerre.

Par contre, le Sultan promit (art. 9 du traité) un firman qui renouvellerait les privilèges de ses sujets non musulmans, avec cette addition que les puissances n'auraient aucun droit d'intervenir dans l'administration intérieure de l'Empire.

La teneur de cet article prouve jusqu'à l'évidence l'inadmissibilité des vues de Martens (1), selon lequel la paix de Paris devait avoir pour résultat de transférer le droit de protection des chrétiens dans l'Empire turc à toutes les puissances l'ayant signé, c'est-à-dire à la Turquie, la France, l'Autriche, l'Angleterre, la Russie, la Prusse et la Sardaigne.

L'article 16 démontra, comme Geffcken (2) l'avait dit avec raison, qu'il n'avait été accordé à ces États qu'un protectorat collectif sur les principautés danubiennes.

(1) Martens, *op. cit.*, t. I, p. 138.
(2) Geffcken, *op. cit.*, p. 163.

Cependant le firman promis par le Sultan se fit attendre jusqu'au 18 février 1856, ce qui témoignait déjà du peu d'empressement de la Porte à protéger les chrétiens, ainsi qu'elle s'y était engagée ; mais sa mauvaise foi vis-à-vis de ceux-ci, se révéla d'une manière évidente lors des massacres du Liban en 1860, qui amenèrent l'intervention des puissances, car on put constater combien le gouvernement turc était indulgent pour le fanatisme religieux, couvant toujours sous la cendre, et combien peu on pouvait se fier à ses promesses. L'essai de la Russie d'introduire dans les États turcs une administration séparée des affaires concernant les religions chrétienne et mahométane échoua devant l'opposition des autres puissances, notamment de l'Autriche dont l'ambassadeur à Constantinople, Prokesch, s'efforça de démontrer qu'une telle transformation des affaires administratives de l'Empire turc ne pourrait qu'exciter davantage les haines religieuses, et aurait pour conséquence inévitable le morcellement de l'Empire.

La guerre franco-allemande, dans laquelle la France fut vaincue, parut à la Russie une circonstance opportune pour se délivrer des liens que lui avait imposés le traité de Paris ; mais, dans le traité de Londres du 13 mars 1871, elle ne put atteindre complètement le but convoité, car ce traité maintint la fermeture des détroits, pour permettre à la Porte, selon les circonstances, d'en ouvrir le passage aux vaisseaux de guerre des puissances étrangères, quand elle le jugerait nécessaire dans l'intérêt du traité de Paris. Les insurrections qui éclatèrent ensuite dans les provinces turques et qui eurent pour cause l'oppression ininterrompue de la population grecque et le fait que la Porte ne tint pas compte des représentations énergiques, à elle adressées par la Russie, l'Autriche et l'Allemagne, mit de nouveau, en 1877, l'épée à la main de la Russie.

La guerre, victorieuse pour la Russie, se termina le 3 mars 1878, par la paix de San-Stefano, qui réduisit l'État ottoman aux limites de l'Empire byzantin à la veille de sa chute, lui imposa une lourde indemnité de guerre et le dégrada, en en faisant, pour ainsi dire, une principauté dépendante de la Russie.

Cependant la Russie comprit qu'une modification si importante dans les rapports des États ne pouvait constituer un droit durable, sans la confirmation de l'Europe.

D'ailleurs, le traité de San-Stefano n'avait été considéré que comme provisoire. Quant à le rendre définitif, les autres puissances intéressées devaient s'y opposer, si elles ne voulaient pas avoir, dans l'avenir, à déplorer les lourdes conséquences de leur indifférence.

Deux puissances surtout ne pouvaient reconnaître la conclusion d'une telle paix : l'Autriche, pour laquelle d'importantes questions vitales étaient en jeu sur le Danube et sur la mer Adriatique, et l'Angleterre, qui professait toujours la doctrine de l'inviolabilité des frontières de l'Empire ottoman.

Le prince de Bismarck, qui dirigeait alors la politique allemande, ne pouvait pas non plus voir d'un œil favorable grandir encore le colosse russe.

La Russie fut donc obligée de s'incliner devant le veto opposé à son projet, en laissant soumettre la paix de San-Stefano à une revision par les puissances réunies en conférence à Berlin, le 13 juin 1878.

Le traité de Berlin, conclu le 13 juillet 1878, avec les modifications tranchées qu'il apportait aux exigences russes, devait à l'avenir constituer le fondement de la nouvelle configuration de la péninsule des Balkans.

Les points essentiels étaient ceux-ci :

La Russie recevait en Bessarabie et en Arménie un accroissement de territoire ; par contre, les frontières de la Bulgarie, sur laquelle la Russie entendait exercer une influence politique considérable, furent notablement restreintes.

Comme principauté souveraine, tributaire de la Porte, mais autonome, la Bulgarie devait avoir le droit d'élire librement son souverain ; toutefois, celui-ci ne devait pas être un membre d'une dynastie régnante. La confirmation devait être donnée par la Porte avec l'assentiment des puissances. Les troupes turques ne devaient pas occuper le pays. Au sud, la Roumélie orientale devait être érigée en une province soumise à la souveraineté politique et militaire du Sultan, mais possédant une autonomie locale très étendue.

La Russie devait occuper la Bulgarie et la Roumélie orientale avec un corps d'au plus 5.000 hommes ; mais, neuf mois après l'échange des ratifications, ce corps devait se retirer. La Bosnie, l'Herzégovine et les routes conduisant à Salonique devaient passer sous l'administration autrichienne. Le Monténégro, la Serbie et la Roumanie furent déclarés indépendants. En même temps, la Porte s'engageait à faire des réformes, sous le contrôle collectif des puissances, en Crète et dans les autres parties des possessions européennes qui lui restaient, ainsi qu'en Arménie, et promettait, comme elle l'avait fait si souvent déjà, de garantir une entière liberté religieuse.

Enfin, il fut encore décidé que toutes les fortifications sur le Danube, où la navigation devait être libre, seraient rasées, et que ce fleuve, déclaré neutre, devait rester fermé aux vaisseaux de guerre.

Tandis que la Perse elle-même convoitait un accroissement de territoire, fût-il minime, et que Chypre était adjugée à l'Angleterre, la Grèce était déçue dans son espoir de prendre part au butin, en annexant des territoires en Thessalie et en Épire.

Mais l'espoir que le traité de Berlin amènerait la tranquillité dans la péninsule des Balkans était illusoire ; ce traité suscita, au contraire, de nombreuses difficultés politiques.

La Russie commença, en 1878, par s'entendre avec la Turquie sur les conditions d'une alliance particulière, et, le 8 février 1879, elle conclut le traité de Constantinople, qui régla le montant de l'indemnité de guerre et l'évacuation de la Roumélie par les troupes russes. L'Autriche dut s'assurer par les armes la possession de la Bosnie et de l'Herzégovine, qui lui était contestée par des musulmans rebelles.

La Grèce essaya de réclamer la cession des bandes de territoire dont il avait été question au Congrès de Berlin, et la Porte, à la suite de la pression exercée par les puissances, se déclara prête, le 22 mai 1881, à céder Arta et Preveza, ainsi qu'une grande partie de la Thessalie. En Crète, la tranquillité fut rétablie par la publication du *statut organique* et par la nomination d'un gouverneur grec, le 18 novembre 1878 ; et les Albanais soulevés ne purent être ramenés au calme que par les menaces des grandes puissances.

Le 29 avril 1879, le prince Alexandre de Battenberg, appartenant à la maison de Hesse-Darmstadt et neveu de l'impératrice de Russie, fut élu prince de Bulgarie et reconnu par la Porte et par les autres puissances.

Mais l'indépendance de la Bulgarie ne devait être, qu'apparente, car bientôt commença à se faire sentir l'influence russe. Des officiers russes commandèrent l'armée et les fonctionnaires russes peuplèrent l'administration. Le général Kaulbars gouvernait le pays.

Si par ce moyen on s'était promis de russifier la Bulgarie, le résultat ne répondit pas à cette espérance. Le pays se souleva contre le projet de protectorat forcé, dont déjà la réalisation était proche. La Russie dut renoncer à répandre ses bienfaits sur les Bulgares et porter son activité sur une autre intrigue, qui eut pour conséquence la démission du prince Alexandre.

Le prince Ferdinand de Cobourg fut appelé à lui succéder. Etant donné l'opinion antirusse qui régnait dans le peuple au moment de son avènement au trône, il ne pouvait pas se reconnaître vassal de la Russie ; aussi le cabinet de Saint-Pétersbourg ne voulut-il pas le reconnaître, sous le prétexte que son élection n'avait pas eu lieu conformément aux traités et que, dès lors, on devait le considérer comme usurpateur. Un télégramme chiffré, du 10 août 1887, adressé par le département asiatique de Saint-Pétersbourg à l'Ambassadeur russe à Bucharest, donnait clairement à entendre ce à quoi devait s'attendre le prince de Cobourg, car il y était nettement déclaré que tous les agissements dirigés contre lui, dans le but de l'éloigner de la Bulgarie, ne seraient pas considérés comme susceptibles de poursuites judiciaires et de condamnation. En conséquence, l'agent diplomatique devait accorder son appui à toutes les personnes qui prendraient une part active à l'expulsion du prince de Cobourg.

Dans cette situation périlleuse et devant le mouvement menaçant du parti russophile, le prince chercha une issue dans le rétablissement du protectorat russe.

A cet effet, il éloigna de lui Stambouloff, qui jusque-là avait été son mentor, et qui plus tard devait être victime d'un assassinat impie ; il laissa son fils Boris entrer au sein de l'Église orthodoxe et il se mit à briguer les bonnes grâces de Saint-Pétersbourg, qui, lorsqu'il eut renoncé sincèrement à ses prétentions d'indépendance complète, ne lui furent pas refusées.

En sa qualité de vassal empressé de la couronne russe, il fut confirmé prince de Bulgarie par le Sultan qui avait de nouveau reconnu la nécessité de se montrer bien disposé envers la Russie, comme aussi de se soustraire à l'influence de l'Angleterre, et il fut reconnu par les puissances.

La reprise des relations entre la Russie et la Bulgarie, interrompues jusque-là, doit être considérée comme une circonstance favorable à la paix de l'Europe, en tant que la Russie se bornera à exercer une influence très mesurée sur les affaires bulgares.

La politique russe a donc remporté là une victoire considérable et l'Angleterre ne s'est pas montrée capable de se mesurer avec elle, car son attitude dans la question arménienne n'a pas peu contribué à jeter le Sultan dans les bras de la Russie.

Les atrocités de la récente insurrection arménienne avaient amené les puissances à se demander s'il n'y avait pas lieu pour elles d'intervenir, afin de mettre un terme à cette horrible boucherie ; lord Salisbury était en bonne voie peut-être d'allumer une guerre universelle, en employant la force contre la Turquie. La Porte ne fut alors sauvée d'une intervention armée que par l'opposition de la Russie, et il est bien évident qu'il en est résulté un accroissement de l'influence russe sur les rives du Bosphore, tel qu'on ne l'aurait pas cru possible, il y a à peine un an.

S'il est vrai qu'un plan ait été agité, d'après lequel les baïonnettes russes devaient se charger de pacifier l'Arménie, la Russie n'aurait pas pu s'autoriser pour une telle occupation, uniquement fondée sur l'assentiment de la Porte, de l'exemple de l'Autriche en Bosnie et en Herzégovine, car celle-ci n'a pas procédé à cette prise de possession en qualité de mandataire du Sultan ; elle avait à cet égard reçu mandat des autres puissances. Un tel mandat ne sera certes jamais donné à la Russie par les puissances, à l'exception de la France, et c'est pour ce motif que les journaux officieux n'en ont plus parlé.

§ 10. — L'INTERVENTION DANS LES AFFAIRES DES NATIONS NON CIVILISÉES.

Il a déjà été dit plus haut que, vis-à-vis des peuples non civilisés, le droit des gens européen n'a pas sa valeur absolue, d'autant moins que ce droit n'est aucunement respecté par eux.

Il résulte du contact des États européens civilisés, dans leurs possessions en Asie, en Afrique et ailleurs, avec les peuplades limitrophes, des chocs et des conflits perpétuels, donnant lieu à des interventions qui ne sont pas soumises aux conditions généralement exigées pour des mesures de cette nature.

Dans une intervention telle que celle qui est à présent dirigée contre les Mahdistes au Soudan par l'Angleterre, l'Égypte, l'Italie et l'État du Congo, il est vrai que les puissances participantes défendent au même titre leurs intérêts, mais on ne peut pas, dans l'hypothèse de ces cas spéciaux, maintenir les conditions qui, autrement, devraient être observées, car on se trouve là sur un terrain où le droit politique et l'injustice ne sont pas exactement départagés entre eux et n'ont pas non plus la même influence sur les décisions et sur les entreprises des États intéressés. On peut dire que ce sont alors exclusivement les motifs d'intérêt qui déterminent à entreprendre une action. Mais cette absence de règles déterminées et le fait que la décision ne dépend que du libre arbitre ne doivent pas amener à s'émanciper des lois de la morale et à refuser de tenir compte des nécessités et des usages du pays.

§ 11. — INTERVENTIONS DES PUISSANCES EUROPÉENNES EN VUE DE LEURS INTÉRÊTS COLONIAUX.

Au contraire, lorsque des États civilisés, faisant partie de l'union juridique constituée par les peuples européens, se rencontrent sur le terrain de leur politique coloniale, les conditions de l'intervention, telles que les a posées le droit des gens européen, conservent leur valeur. Dans ce cas il n'y a plus de droit facultatif, plus de bon plaisir, plus de volonté arbitraire, il faut observer des principes fixes, en tant que leur application est possible, car, ainsi que nous l'avons vu, en ce qui concerne la question d'intervention, l'intérêt politique des États sert toujours de base.

Il en fut ainsi dans le conflit survenu entre l'Espagne et l'Allemagne au sujet des îles Carolines. Déjà en 1874 l'Espagne avait, à propos de droits à percevoir sur un navire allemand venant de Hong-Kong et se rendant aux îles Palaos et Carolines, revendiqué la souveraineté de ces îles ; mais l'Allemagne la lui avait contestée.

Par un traité du 7 mars 1885, l'Allemagne et la Grande-Bretagne reconnurent la souveraineté espagnole sur l'archipel de Soulou. Mais dans l'entente du 29 avril 1885 entre l'Allemagne et la Grande-Bretagne, les îles Carolines furent adjugées à l'Allemagne. Cependant la tentative d'occupation de ces îles et des îles Marshall par l'Allemagne fut interrompue par l'intervention de l'Espagne. Le conflit eut toutefois une solution pacifique, car l'Allemagne soumit la question à l'arbitrage du Pape Léon XIII, qui se prononça le 22 octobre 1885. En vertu de cet arbitrage, un traité fut conclu entre l'Allemagne et l'Espagne : l'Allemagne reconnaissait la priorité des droits de l'Espagne sur les îles Carolines et Palaos, mais, en échange, de grandes facilités lui étaient accordées pour son commerce.

Depuis 1860, les planteurs allemands s'étaient fixés aux îles Fidji et avaient fait d'importantes acquisitions de terrains et de grandes dépenses pour la culture des terres, lorsque, le 10 octobre 1874, eut lieu l'annexion de ces îles à l'Angleterre.

Les intéressés, de même que le gouvernement allemand, furent aussitôt persuadés que tous les droits légitimes des sujets allemands jouiraient non seulement d'un plus haut degré de sécurité, mais encore qu'ils pourraient compter sur plus de bienveillance et d'égards. Malheureusement, le contraire se produisit : les Anglais feignirent d'ignorer ou méconnurent formellement les droits bien acquis des Allemands. Il s'ensuivit entre l'Allemagne et l'Angleterre une longue correspondance diplomatique, qui n'était pas encore terminée lorsque survinrent les difficultés coloniales entre ces deux puissances dans le sud-ouest africain.

Ce ne fut que sur la menace de l'Allemagne d'intervenir dans ces contrées, et d'y traiter les intérêts privés des Anglais de la même manière que ceux des Allemands avaient été traités aux îles Fidji, que le gouvernement britannique se résigna à un arrangement. Une commission anglo-allemande, qui se tint à Londres en 1875, fit droit aux réclamations les plus essentielles de l'Allemagne.

Après avoir, en 1879, sanctionné la neutralité de Samoa, l'Angleterre et l'Amérique reconnurent, le 2 septembre 1879, le traité allemand du 24 janvier de la même année, qui réglait les droits de l'Allemagne à Samoa, de manière à ce que les trois puissances eussent une influence égale dans l'administration de ces îles.

La neutralité de Samoa trouva une nouvelle ratification dans la convention anglo-allemande du 6 avril 1886 sur la délimitation des sphères d'influence allemande et anglaise dans l'océan Pacifique occidental. Les émeutes constantes à Samoa et la violation des droits allemands rendirent nécessaire, en 1887, une déclaration de guerre formelle au roi Malietoa et l'emprisonnement de ce dernier, tandis que d'autres luttes entre les chefs Thomasesa et Mataafa motivèrent à plusieurs reprises l'intervention de navires de guerre allemands.

Les ennemis de l'Allemagne furent appuyés par l'Amérique, et, le 17 décembre 1888, l'Américain Klein détruisit presque totalement le corps de débarquement allemand. A cette défaite vint s'ajouter une lourde catastrophe qu'éprouva la marine allemande.

Tandis que l'Allemagne s'efforçait de rétablir son autorité à Samoa, l'Angleterre et l'Amérique cherchaient à intervenir pour l'en empêcher, jusqu'à ce qu'enfin, le 29 avril 1889, fut convoquée à Berlin une conférence qui aboutit à la conclusion de l'acte général du 14 juin 1889, dans lequel la neutralité et l'indépendance de Samoa furent reconnues. Aucune modification n'y a été apportée depuis.

Une flagrante violation du droit a été commise tout récemment par l'Angleterre, lors de son intervention au Transvaal (1).

A peine vingt ans après l'installation des premiers colons hollandais au Cap, qui eut lieu au commencement du XVIIe siècle, l'Angleterre procéda à la prise de possession de ce territoire par une proclamation formelle. En 1782, elle essaya, pour la première fois, d'y faire reconnaître son autorité par les armes. Enfin, après de nombreuses alternatives de toute sorte, l'Angleterre parvint à se faire adjuger définitivement ce pays par le traité de Paris, en 1814.

L'aversion des Boërs, comme on appelait les colons hollandais, contre l'administration anglaise, causée surtout par le veto absolu que mit l'Angleterre à ce qu'ils traitassent les Cafres en esclaves, amena, en 1837, l'émigration d'un grand nombre d'entre eux. Les uns se rendirent à Natal, d'autres sur les bords du fleuve Orange, où ils fondèrent de nouvelles colonies. Ils excitèrent l'envie de l'Angleterre, et, sous le prétexte que la République avait démontré son incapacité à protéger la population européenne contre les indigènes, le gouverneur anglais de Natal, Sheps-

(1) V. Hellborn, *L'Angleterre et le Transvaal*, dans la *Revue générale de droit international public* de MM. Pillet et Fauchille, t. III (1896), p. 26 et suiv., p. 166 et suiv.

tone, se basant sur un plébiscite plus que douteux, proclama l'annexion du Transvaal à l'Angleterre. Les Boërs se soulevèrent et la grave défaite qu'ils infligèrent aux Anglais près du mont Manjuba amena ceux-ci à conclure la paix le 23 mars 1881. Un traité formel fut passé à Prétoria, le 3 août, entre l'Angleterre et la République Sud-Africaine (1), dans les articles préliminaires duquel l'autonomie absolue du Transvaal sous la souveraineté britannique fut reconnue, avec cette modification contenue dans l'article 2, que l'Angleterre exercerait un contrôle sur les affaires extérieures de la République, spécialement sur la conclusion des traités et sur les relations diplomatiques. Ce contrat, resté en vigueur jusqu'au commencement de 1884, fut, dans le but de restreindre la domination anglaise, remplacé, le 27 février de la même année, par un autre, connu sous le nom de Convention de Londres (2), dont l'article 4 porte : la République Sud-Africaine ne doit conclure aucun traité ni prendre aucun engagement avec un autre État ou une autre nation, à l'exception de l'État libre d'Orange, ni même avec une tribu indigène à l'est ou à l'ouest de la République, sans l'assentiment de Sa Majesté la Reine d'Angleterre. Cet assentiment devra être considéré comme donné, si dans le délai de six mois après la réception d'un traité de ce genre, lequel devra être remis au gouvernement de Sa Majesté aussitôt qu'il aura été signé, ce dernier n'a pas fait connaître que la conclusion d'un traité de cette nature est contraire aux intérêts britanniques ou à ceux de l'une des possessions sud-africaines de Sa Majesté. Il n'est plus question dans ce traité, comme dans les précédents, du contrôle anglais sur les affaires intérieures de la République. Bien que cela dénote une restriction du pouvoir de l'Angleterre, il n'en résulte pas moins que la République Sud-Africaine, quoique ayant le droit incontesté de se faire représenter à l'étranger par ses propres agents diplomatiques, ne peut cependant conclure aucun traité avec un État étranger, à l'exception de l'État libre d'Orange, sans le consentement du cabinet anglais. Ce veto est donc le seul reste de la souveraineté anglaise qui ait subsisté jusqu'aujourd'hui.

La République Sud-Africaine, tout en se trouvant dans une certaine

---

(1) Martens-Hopf, *Nouveau recueil général des traités*, série II, X, p. 160.
(2) Martens-Hopf, *op. et loc. cit.*, p. 180.

dépendance de la couronne anglaise, possède à présent une autonomie et une indépendance intérieures absolues (1). Une telle situation ne convenant pas au gouvernement de la colonie du Cap, celui-ci essaya de porter atteinte à l'intégrité de la République, en se servant pour cela d'un corps franc, commandé par le D' Jameson. L'issue de cette entreprise, qui dénotait un mépris total du droit des gens, est connue. Elle aboutit à une défaite honteuse des flibustiers anglais, dont le procès devant les autorités anglaises donne à présent le spectacle d'une comédie judiciaire.

Malgré la clarté de la teneur du traité du 27 février 1884, par lequel la souveraineté absolue du gouvernement du Transvaal, à l'intérieur, est reconnue, les Anglais se sont à maintes reprises efforcés d'y porter atteinte en demandant qu'il soit accordé aux étrangers résidant sur le territoire de la République, la plupart Anglais, les mêmes droits de vote et d'élection que ceux dont jouissent les Boërs ; ce qui, évidemment, conduirait à une annexion pacifique du pays à la colonie du Cap. Il n'est pas douteux que la République Sud-Africaine ne doive s'y opposer, si elle tient à conserver son indépendance.

Le gouvernement anglais n'a pas le moindre droit d'immixtion dans les affaires intérieures ou extérieures de la République. Celle-ci est, sans aucune restriction, un sujet de droit international intangible et elle a par conséquent le droit de repousser énergiquement la prétention de l'Angleterre de diriger ses affaires intérieures d'après le système anglais.

§ 12. — LA DOCTRINE DE MONROE.

Les États-Unis d'Amérique ont adopté, touchant la question d'intervention, un singulier principe.

Ils ont la prétention d'exercer une sorte de suzeraineté sur les autres États américains, en ce sens qu'ils contestent à toute puissance européenne le droit de s'immiscer dans les affaires américaines. Cette prétention, qui affecte la forme d'une maxime : l'Amérique appartient aux Américains, ou, plus exactement, aux Américains du Nord, repose sur le

____

(1) V. *Deutsche Juristenzeitung*, Berlin, 1890, p. 61, et *Deutsche Kolonialzeitung*, 1805, n° 18.

fameux message du cinquième président des États-Unis d'Amérique,
James Monroë, du 2 décembre 1823, dans lequel il faisait deux déclarations, d'abord que l'Angleterre et la Russie ne devaient pas, comme
elles l'avaient fait jusque-là, reculer à leur profit la frontière dans la ré-
gion contestée du nord-ouest des États-Unis, pour installer des colonies
sur les territoires ainsi occupés ; et ensuite qu'on ne pouvait reconnaître à l'Espagne le droit de transporter en Amérique les principes
favoris de la Sainte-Alliance, et d'étouffer sous le poids d'une intervention européenne la rébellion de ses colonies américaines, qui ne mani-
festaient aucune envie de se prêter plus longtemps au système d'exploi-
tation pratiqué jusque-là par l'Espagne.

Bien que la teneur de ce message (1) n'ait jamais acquis un caractère
légal et qu'il n'y ait lieu de le considérer en quelque sorte que comme
une manifestation de l'opinion personnelle du président Monroë, on s'attache à en faire une *doctrine*, à laquelle la pratique s'est trop souvent
conformée (2).

Geffcken (3) est d'avis que l'on doit donner à ce message une interprétation restreinte et qu'il ne pouvait être aucunement dans l'esprit de
Monroë d'interdire toutes interventions dans les affaires américaines.
Mais la politique américaine ne paraît pas justifier cette interprétation
restrictive, car les États-Unis surveillent avec des yeux d'Argus tout
mouvement de l'Europe révélant une intention d'intervenir dans les
affaires américaines, pour s'y opposer aussitôt et pour menacer de recourir à la force, si on ne se conforme pas au principe établi par eux.
Il est bien naturel que cette doctrine, lorsqu'elle a été connue en Europe,
y ait soulevé un vif mécontentement, et il n'y eut pas jusqu'à l'Angleterre, peu favorable pourtant au principe d'intervention, qui ne protesta
contre ce système, inspirée, il est vrai, uniquement par le motif qu'elle
craignait d'en éprouver elle-même les effets.

Par contre, les États de l'Amérique du Sud prirent une autre attitude
vis-à-vis de ce principe. Ils se considérèrent comme garantis de toute

____

(1) Wheaton, *Histoire des progrès du droit des gens*, t. II, p. 203 et 204.

(2) V. Arthur Desjardins, *La doctrine de Monroë*, dans la *Revue générale de droit international public*, t. III (1890), p. 137 et suiv.

(3) Geffcken, *op. cit.*, p. 157.

entreprise européenne à l'avenir par la déclaration du président des États-Unis, et au Congrès de Panama, qui eut lieu le 22 juin 1826, et auquel prirent part le Mexique, la Colombie, le Guatémala et le Pérou, ils exprimèrent le vœu qu'une alliance défensive fût conclue avec les États-Unis, en vue de s'opposer à toute immixtion européenne. Mais le cabinet de Washington, comprenant qu'un pareil traité, uniquement conclu dans l'intérêt des États sud-américains, pouvait entraîner de très graves conséquences, repoussa cette proposition sous le prétexte que cela n'était pas de son ressort et qu'il voulait conserver sa liberté d'agir suivant les circonstances. Les États-Unis suivirent la même ligne de conduite en 1838, lorsque le Mexique se vit exposé à une attaque de la France. Cette dernière y avait été poussée par les traitements iniques que les créoles jaloux avaient fait subir aux Français résident au Mexique, dont, à plusieurs reprises, ils saccagèrent les propriétés.

Dans cette lutte, le président des États-Unis, Van Buren, se montra peu favorable à l'État menacé, parce que celui-ci avait commis les mêmes actes de brigandage contre des citoyens américains. Les Français eurent encore à subir de mauvais traitements dans les États de la Plata, sous le gouvernement du fameux dictateur Rosas, qui, après être parvenu à paralyser complètement le commerce français dans le pays, promulgua une loi en vertu de laquelle tous les sujets français devaient être soumis au service militaire. Il y fut répondu par une intervention française, qui, dans cette circonstance, paraissait absolument fondée, mais que Amari (1), méconnaissant les faits réels, jugea contraire au droit des gens. Elle fut suivie, plus tard, d'une autre intervention en commun avec l'Angleterre, pour mettre fin au régime de terreur qui régnait dans le pays. Mais, dans ce cas-là non plus, la doctrine de Monroë ne fut pas appliquée.

Cependant, lorsque l'Empereur Napoléon III résolut, en 1860, de constituer un empire à l'archiduc Maximilien d'Autriche dans les États républicains du Mexique, les États-Unis crurent voir se cacher sous le masque de cette entreprise le dessein d'y établir la domination française. La Chambre des représentants fit clairement onnaître, dès le 4 avril 1864,

____

(1) Amari, *op. cit.*, p. 361 : « C'était méconnaître la règle du droit des gens d'après laquelle tout individu qui veut se fixer dans un État étranger doit se soumettre aux lois de celui-ci ».

que l'on ne devait pas s'attendre à ce que les États-Unis reconnussent le nouveau souverain mexicain, de sorte que toutes les tentatives faites ultérieurement dans ce but par l'Empereur Napoléon restèrent sans effet. Les menaces du gouvernement de l'Amérique du Nord de forcer par les armes le corps expéditionnaire français à se retirer produisirent une impression si efficace sur l'Empereur français, qui s'était suffisamment convaincu que le système intronisé par lui ne jouissait d'aucune sympathie dans le pays, qu'il abandonna ses alliés, en rappelant, le 13 mars 1866, les troupes françaises et en préparant ainsi la catastrophe sanglante qui eut lieu quelques mois plus tard.

Cette intervention, qui ne répondait qu'à un mobile égoïste du monarque français, était illégitime, attendu qu'elle avait pour but d'imposer un souverain à un pays contre sa volonté.

La doctrine de Monroë n'a pas non plus empêché l'Angleterre de toujours reculer les frontières du Canada, à tel point qu'actuellement elles atteignent l'océan Pacifique, et le gouvernement de Washington a été amené à reconnaître par traité cet accroissement de territoire. Cependant, d'autre part, il a été parfois dans la nécessité de forcer la main à d'autres États américains, ce qui donne lieu de se demander si le gouvernement des États-Unis reconnaissait encore nettement leur indépendance. Il s'est aussi aventuré à émettre des prétentions qui jettent une lumière singulière sur le principe de non-intervention, dont il a proclamé le caractère immuable.

Ainsi, en l'année 1881, après la guerre victorieuse du Chili contre le Pérou, les États-Unis ont protesté contre la cession d'un territoire au Chili. Ainsi, malgré le traité Clayton-Bulwer, conclu en 1850 avec l'Angleterre, ils ont prétendu que l'isthme de Panama et le nouveau canal en voie de construction devaient être sous leur contrôle exclusif.

Une semblable attitude est dépourvue de tout titre de droit, et constitue l'expression du bon plaisir ; elle demande, en conséquence, à être réprimée délibérément.

Tout récemment encore, lors du différend entre l'Angleterre et le Vénézuéla pour la délimitation de leurs frontières, la doctrine de Monroë a de nouveau fait parler d'elle.

En 1840, sous le ministère de Palmerston, le gouvernement anglais fit délimiter la frontière de la Guyane anglaise. Un de ses fonctionnaires, sir Robert Schomburgk, fut chargé de procéder à ce travail, et le résultat en fut l'établissement d'une ligne divisoire qui garda son nom. A la suite des représentations du Vénézuéla, le ministre anglais, lord Aberdeen, proposa, en 1857, l'établissement d'une ligne frontière en arrière de celle de Schomburgk, mais les négociations entamées à cet effet n'aboutirent pas, et en 1880 la querelle recommença et dut être soumise à un arbitrage, sur la proposition du secrétaire d'État de l'Amérique du Nord, Fredinghuisen. Le cabinet anglais essaya de traîner l'affaire en longueur, et tenta, à plusieurs reprises, d'occuper une partie des territoires revendiqués par le Vénézuéla.

Le gouvernement de Washington renouvela sa proposition de constituer un tribunal d'arbitrage, et, en juillet 1895, donna à entendre, dans une note adressée au cabinet de Londres, qu'il ne pouvait pas admettre que l'occupation anglaise s'étendît jusqu'au fleuve Cuyuni. Cette note, n'ayant obtenu aucune réponse suffisante de lord Salisbury, fut suivie, en 1896, d'un message du président Cleveland, qui causa une émotion considérable, parce qu'il faisait connaître que, dans l'annexion opérée par l'Angleterre, il voyait un empiétement prémédité sur les droits et les intérêts des États-Unis.

Ces mots avaient un son si belliqueux que l'explosion de chauvinisme qu'ils provoquèrent fit très promptement place à une froide réflexion, et il n'est point douteux que le différend n'aboutisse à une solution amiable au moyen d'un arbitrage.

L'insurrection cubaine actuelle a également fourni aux États-Unis l'occasion de s'interposer, bien que ce ne soit pas par les armes, en faveur des insurgés. Déjà, lors des insurrections antérieures de Cuba, des tentatives de même nature avaient été faites. En 1854, une forte indemnité fut offerte à l'Espagne pour qu'elle cédât Cuba, et on lui donna à entendre que, si elle n'acceptait pas, les États-Unis annexeraient l'île militairement. En effet, ils se trouvaient alors dans une situation analogue à celle d'un propriétaire qui voit la maison de son voisin en train de brûler, et qui a le droit de la démolir, en raison du danger que court la sienne propre.

De même en 1868 des résolutions favorables aux insurgés cubains furent votées par le Congrès, et aujourd'hui encore, le corps législatif américain s'est prononcé de la même manière, sans que le président Cleveland se soit encore décidé à se faire l'exécuteur de ces décisions, auxquelles on pourrait attribuer la continuation de la guerre que soutient l'Espagne dans la « perle des Antilles ». Un droit d'immixtion des États-Unis équivaudrait à un arbitrage sur le sort de Cuba, seulement l'arbitrage américain ne serait pas impartial, car les décisions du Congrès lui ont prescrit la sentence qu'il doit rendre.

On a pu constater jusqu'à quel point les autres États américains sont opposés à une politique d'intervention de l'Europe dans leurs affaires, en lisant le message par lequel le président du Mexique, Porfirio Diaz, a ouvert le Congrès mexicain, le 1er avril 1806, et où il déclare nettement qu'il considère la doctrine de Monroë comme le meilleur moyen de garantie contre les entreprises des États européens sur l'indépendance des républiques américaines ; ces dernières, sans qu'il y ait lieu pour les États-Unis d'assumer un rôle de protecteur, devraient se déclarer ouvertement en faveur de la doctrine de Monroë, afin de constituer, en cas de besoin, une grande coalition.

CHAPITRE IV

CONSÉQUENCES DE L'INTERVENTION

---

§ 1. — Les moyens de coercition, et spécialement la guerre.

L'intervention, ingérence d'un État dans les affaires d'un autre État, a fréquemment comme conséquence l'emploi de mesures de coercition. Il en est ainsi dans le cas où l'État contre lequel elle est dirigée ne se prête pas aux réclamations qui lui ont été adressées. Mais quels sont exactement les rapports qui unissent de semblables mesures au droit d'intervention ?

En réalité, ces modes de coercition n'appartiennent pas à la notion et à l'essence de l'intervention : celle-ci, en effet, consiste dans un ordre et une pression (*Zwingendürfen*) qui reposent sur un certain fondement ; l'emploi de la force forme simplement le moyen nécessaire à son accomplissement. L'intervention, alors même qu'il n'existe pas un droit spécial à son usage, est une procédure juridique basée sur le droit des gens. Il n'y a pas lieu d'employer la violence, lorsque les États, contre lesquels une intervention légitime se produit, s'y prêtent de propos délibéré et de bonne grâce ; c'est seulement quand il y a résistance de la part de ces États que l'intervenant peut avoir à se servir de la force, et il a en ce cas le droit de le faire : la force est un moyen d'exécution qui est toujours à sa place à côté des prescriptions du droit ; l'on peut dire d'elle ce que le Romain disait du destin : *Ducunt volentem fata, nolentem trahunt.* L'usage de la force à la suite d'une intervention n'est donc pas autre chose que la manifestation du droit des gens.

La force, toutefois, ne doit servir qu'à garantir l'intérêt mis en péril par la conduite de l'État, objet de l'intervention. Elle n'est qu'un accessoire de la notion d'intervention. Ce qui le prouve bien c'est qu'un État faible peut, tout comme un État puissant, manifester l'intention d'intervenir dans les affaires d'un autre État. Dans les deux cas, il y aura une intervention ; seulement, en fait, celle-ci aura plus ou moins d'effet suivant qu'elle émanera d'un État puissant ou faible.

Les moyens de coercition qui accompagnent l'intervention sont de nature diverse. C'est quelquefois l'établissement d'un blocus, ce peut être aussi la guerre. La guerre est même la violence qui contribue ordinairement à donner effet à une intervention ; elle en est la conséquence normale.

Au point de vue du droit des gens, il n'existe pas de causes de guerre reconnues. Cette idée a inspiré certaines réflexions à un savant professeur allemand, M. Heilborn. Celui-ci s'exprime ainsi dans son *System des Vœlkerrechts* (1) : Si l'État capable de faire la guerre n'a besoin d'aucun motif internationalement reconnu pour la commencer, à quoi bon parler de la légitimité ou de l'illégitimité de l'intervention ? Si, pour le succès d'une intervention, une guerre a eu lieu, la légitimité de l'intervention comme cause de guerre est dépourvue de signification. Si l'intervenant est libre de déclarer la guerre même dans le cas où il n'existerait pas de cause d'intervention approuvée par le droit des gens, à plus forte raison l'emploi d'une violence moindre ne lui est-il point interdit. Et M. Heilborn ajoute : Dès lors que le moyen de réaliser une intervention, c'est-à-dire la guerre, est autorisé sans qu'il soit besoin de l'appuyer sur aucune raison, l'intervention elle-même ne saurait jamais être interdite. Si un État peut faire la guerre en vue d'un but quelconque, il doit avoir le droit de la faire dans le but d'aboutir à une intervention. Une telle guerre n'étant pas contraire au droit, la menace de cette guerre ne saurait l'être davantage. Là-dessus, M. Heilborn conclut en ces termes : « L'intervention n'est pas contraire au droit, lorsque l'intervenant l'accompagne d'une menace ou d'une déclaration de guerre, c'est-à-dire lorsqu'il se déclare prêt, pour l'exécution de son intervention, à jouer sa propre existence et à renoncer à la protection de sa personne par le droit des gens ».

A notre avis, des objections fort graves peuvent être élevées contre cette opinion. Elle équivaut en effet à dire que les moyens justifient la fin, principe qui n'est pas moins faux que le principe contraire à savoir que la fin justifie les moyens. D'après M. Heilborn, le moyen de la guerre

____
(1) P. 804 et suiv.

qui réalise l'intervention servirait dans tous les cas à légitimer cette dernière. De l'intervention armée naîtrait ainsi un *jus singulare*; de la sorte, l'intervention n'aurait nullement besoin d'une *justa causa*. Une pareille théorie ne saurait être admise. La guerre servant de moyen d'exécution à une intervention ne peut pas supprimer la nécessité du fondement de celle-ci. L'intervention doit toujours avoir une juste cause. La guerre est bien un moyen légitime de faire réussir une intervention qui, considérée en elle-même, repose sur une base justifiée, mais elle devient illégitime si la *justa causa* fait défaut. La légitimité de la guerre existe ou n'existe pas, suivant que l'intervention est fondée ou non.

Le fait qu'il n'y a pas de motifs de guerre reconnus par le droit des gens peut-il avoir pour effet d'effacer toute différence entre les guerres justes et les guerres injustes? Non assurément. « Le point de savoir si une guerre est juste ou injuste est une question de fait, qu'il appartient à l'histoire de juger. Tandis que la guerre juste équivaut à l'exécution d'un jugement, la guerre injuste est toute pareille à un crime, au vol ou au brigandage » (1). L'État, qui à l'aide d'une menace de guerre parvient à exécuter une intervention mal fondée, n'est qu'un criminel, et il ne saurait, pour se disculper, alléguer qu'il n'existe pas de causes de guerre reconnues par le droit international : si cela est, on ne saurait en déduire que toute guerre est permise. La guerre sans doute est pour les peuples un moyen de défense légitime ; de même que dans un État, quand le pouvoir protecteur est paralysé, chaque individu a le droit de pourvoir à sa propre défense, de même entre États, à défaut d'un pouvoir directeur ou conciliateur, la défense personnelle devient un droit. Mais une guerre n'est juste que si elle implique la conscience d'une nécessité morale de l'emploi de la force : cette conscience, à la vérité, n'est tout d'abord que la conscience d'une partie ; elle acquiert la valeur d'une présomption de droit et une force sans pareille quand elle devient la foi morale du peuple entier (2).

La justice d'une guerre d'intervention doit donc se confondre avec la justice de la demande d'intervention. Si la situation d'un État est juridiquement ordonnée et reconnue, il semble dès lors que les seules guerres

(1) Trendelenburg, *Das Naturrecht auf dem Grunde der Ethik*, p. 591.
(2) Trendelenburg, *op. cit.*, p. 589 et suiv.

qu'il puisse justement soutenir sont celles dont l'objet est de détourner une attaque, de se défendre contre des hostilités ou d'obtenir l'exécution des clauses d'un traité. Une guerre cependant peut être également juste quand elle a pour mobile la défense d'intérêts justifiés. Les guerres tendant à acquérir des avantages nouveaux, indispensables au développement des forces d'un État, quoique sans analogie avec celles dont le motif est le maintien d'un droit de possession, présentent un caractère de nécessité véritable, lorsqu'on n'a pas obtenu ce qu'on demandait.

§ 2. — LA PAIX.

La paix qui suit une guerre d'intervention crée un droit nouveau. Elle organise une somme de rapports juridiques, qui d'ordinaire dépasse de beaucoup la portée du débat originel qui avait donné lieu à l'intervention. L'intervenant, s'il est vainqueur, ne se contentera pas de réaliser le projet qu'il avait eu en vue par son intervention ; il posera le plus souvent de nouvelles demandes, auxquelles l'adversaire souscrit dans le traité constitutif de la paix.

Le traité de paix est créateur de droits ; néanmoins il n'a aucun effet sur le caractère de l'intervention : celle-ci demeure injuste si elle l'était au début.

Lorsque l'État vainqueur joint à une prétention injustifiée d'intervention de nouvelles exigences, auxquelles toute base juridique fait défaut et impose ces exigences dans le traité de paix, il accumule injustice sur injustice et, abusant de sa force, met le droit du traité en contradiction avec les conditions de son exécution. Une paix de cette sorte n'est fréquemment qu'un simple armistice ; elle porte en elle-même le germe de nouvelles hostilités, car elle contient plus d'éléments de division que de concorde. Une paix, pour être fondée sur la justice, doit profiter à la fois aux deux belligérants et servir aux progrès du droit international. S'il n'en est ainsi, c'est en vain que des flots de sang auront été répandus sur le champ de bataille ; la vieille formule : *ut pax pia et aeterna sit* devient un mot vide de sens.

La paix conclue par l'intervenant vainqueur à la suite d'une intervention légitime restaure à son profit les intérêts dont la lésion avait donné lieu à l'ingérence. Si au contraire l'intervention n'était pas justifiée, le vice dont elle était atteinte lui reste attaché d'une façon durable, encore que de nouveaux droits aient pu naître pour l'intervenant qui les a stipulés.

Que des droits nouveaux puissent, en ce cas, être acquis par l'État intervenant, c'est un fait qu'on ne saurait contester. Car, bien que derrière la reconnaissance exprimée par le vaincu dans le traité de paix apparaisse la violence que lui fait la puissance de son vainqueur, cependant cette reconnaissance démontre le consentement voulu ou au moins résigné du vaincu. Dans une guerre, la victoire n'a par elle-même aucune signification décisive. Il faut encore le consentement du vaincu pour que l'acte momentané de soumission se transforme en un résultat général et définitif. Ce consentement de l'État vaincu implique l'existence d'une liberté qui, quelque contrainte qu'elle soit, est la condition nécessaire à l'établissement d'un nouveau droit.

C'est ainsi que, par la conclusion d'un traité de paix, peut naître un nouveau rapport de droit même d'une intervention illégitime. Non point que la paix puisse effacer l'injustice d'une intervention, car cette injustice s'est communiquée à la guerre ; mais la paix, en vertu de son caractère conventionnel, est pour les contractants la cause de nouveaux droits, dont l'origine illégitime ne porte pas atteinte à leur existence internationale en tant que droits.

TABLE DES MATIÈRES

Imp. G. Saint-Aubin et Thevenot.—J. Thevenot, successeur, Saint-Dizier (Haute-Marne)